HEINRICH HEINE

EIN WINTERMÄRCHEN

PHILIPP RECLAM JUN. STUTTGART

Universal-Bibliothek Nr. 2253
Alle Rechte vorbehalten. Gesetzt in Petit Garamond-Antiqua
Printed in Germany 1973. Herstellung: Reclam Stuttgart
ISBN 3 15 002253 3

VORWORT

Das nachstehende Gedicht schrieb ich im diesjährigen Monat
Januar zu Paris, und die freie Luft des Ortes wehete in
manche Strophe weit schärfer hinein, als mir eigentlich lieb
war. Ich unterließ nicht, schon gleich zu mildern und aus-
zuscheiden, was mit dem deutschen Klima unverträglich
schien. Nichtsdestoweniger, als ich das Manuskript im Monat
März an meinen Verleger nach Hamburg schickte, wurden
mir noch mannigfache Bedenklichkeiten in Erwägung ge-
stellt. Ich mußte mich dem fatalen Geschäfte des Umarbei-
tens nochmals unterziehen, und da mag es wohl geschehen
sein, daß die ernsten Töne mehr als nötig abgedämpft oder
von den Schellen des Humors gar zu heiter überklingelt
wurden. Einigen nackten Gedanken habe ich im hastigen
Unmut ihre Feigenblätter wieder abgerissen, und zimperlich
spröde Ohren habe ich vielleicht verletzt. Es ist mir leid,
aber ich tröste mich mit dem Bewußtsein, daß größere Auto-
ren sich ähnliche Vergehen zuschulden kommen ließen. Des
Aristophanes will ich zu solcher Beschönigung gar nicht er-
wähnen, denn der war ein blinder Heide, und sein Publikum
zu Athen hatte zwar eine klassische Erziehung genossen,
wußte aber wenig von Sittlichkeit. Auf Cervantes und
Moliere könnte ich mich schon viel besser berufen; und erste-
rer schrieb für den hohen Adel beider Kastilien, letzterer für
den großen König und den großen Hof von Versailles! Ach,
ich vergesse, daß wir in einer sehr bürgerlichen Zeit leben,
und ich sehe leider voraus, daß viele Töchter gebildeter
Stände an der Spree, wo nicht gar an der Alster, über mein
armes Gedicht die mehr oder minder gebogenen Näschen
rümpfen werden! Was ich aber mit noch größerem Leid-
wesen voraussehe, das ist das Zeter jener Pharisäer der
Nationalität, die jetzt mit den Antipathien der Regierungen
Hand in Hand gehen, auch die volle Liebe und Hochachtung

der Zensur genießen und in der Tagespresse den Ton an
geben können, wo es gilt, jene Gegner zu befehden, die auc
zugleich die Gegner ihrer allerhöchsten Herrschaften sine
Wir sind im Herzen gewappnet gegen das Mißfallen diese
heldenmütigen Lakaien in schwarz-rot-goldner Livree. Ic
höre schon ihre Bierstimmen: »Du lästerst sogar unsere Fa
ben, Verächter des Vaterlands, Freund der Franzosen, dene
du den freien Rhein abtreten willst!« Beruhigt euch. Ic
werde eure Farben achten und ehren, wenn sie es verdiene
wenn sie nicht mehr eine müßige oder knechtische Spieler
sind. Pflanzt die schwarz-rot-goldne Fahne auf die Höh
des deutschen Gedankens, macht sie zur Standarte des freie
Menschtums, und ich will mein bestes Herzblut für sie hin
geben. Beruhigt euch, ich liebe das Vaterland ebensosehr w
ihr. Wegen dieser Liebe habe ich dreizehn Lebensjahre i
Exile verlebt, und wegen eben dieser Liebe kehre ich wiede
zurück ins Exil, vielleicht für immer, jedenfalls ohne z
flennen oder eine schiefmäulige Duldergrimasse zu schne
den. Ich bin der Freund der Franzosen, wie ich der Freun
aller Menschen bin, wenn sie vernünftig und gut sind, un
weil ich selber nicht so dumm oder so schlecht bin, als da
ich es wünschen sollte, daß meine Deutschen und die Fran
zosen, die beiden auserwählten Völker der Humanität, sic
die Hälse brächen zum Besten von England und Rußlan
und zur Schadenfreude aller Junker und Pfaffen dieses Er
balls. Seid ruhig, ich werde den Rhein nimmermehr de
Franzosen abtreten, schon aus dem ganz einfachen Grund
weil mir der Rhein gehört. Ja, mir gehört er, durch unver
äußerliches Geburtsrecht, ich bin des freien Rheins noch we
freierer Sohn, an seinem Ufer stand meine Wiege, und ic
sehe gar nicht ein, warum der Rhein irgendeinem ander
gehören soll als den Landeskindern. Elsaß und Lothringe
kann ich freilich dem Deutschen Reiche nicht so leicht ein
verleiben, wie ihr es tut, denn die Leute in jenen Lande
hängen fest an Frankreich wegen der Rechte, die sie durc
die französische Staatsumwälzung gewonnen, wegen jene
Gleichheitsgesetze und freien Institutionen, die dem bürge

4

ichen Gemüte sehr angenehm sind, aber dem Magen der großen Menge dennoch vieles zu wünschen übrig lassen. Indessen, die Elsasser und Lothringer werden sich wieder an Deutschland anschließen, wenn wir das vollenden, was die Franzosen begonnen haben, wenn wir diese überflügeln in der Tat, wie wir es schon getan im Gedanken, wenn wir uns bis zu den letzten Folgerungen desselben emporschwingen, wenn wir die Dienstbarkeit bis in ihrem letzten Schlupfwinkel, dem Himmel, zerstören, wenn wir den Gott, der auf Erden im Menschen wohnt, aus seiner Erniedrigung retten, wenn wir die Erlöser Gottes werden, wenn wir das arme, glückenterbte Volk und den verhöhnten Genius und die geschändete Schönheit wieder in ihre Würde einsetzen, wie unsere großen Meister gesagt und gesungen und wie wir es wollen, wir, die Jünger – Ja, nicht bloß Elsaß und Lothringen, sondern ganz Frankreich wird uns alsdann zufallen, ganz Europa, die ganze Welt – die ganze Welt wird deutsch werden! Von dieser Sendung und Universalherrschaft Deutschlands träume ich oft, wenn ich unter Eichen wandle. Das ist *mein* Patriotismus.

Ich werde in einem nächsten Buche auf dieses Thema zurückkommen, mit letzter Entschlossenheit, mit strenger Rücksichtslosigkeit, jedenfalls mit Loyalität. Den entschiedensten Widerspruch werde ich zu achten wissen, wenn er aus einer Überzeugung hervorgeht. Selbst der rohesten Feindseligkeit will ich alsdann geduldig verzeihen; ich will sogar der Dummheit Rede stehen, wenn sie nur ehrlich gemeint ist. Meine ganze schweigende Verachtung widme ich hingegen dem gesinnungslosen Wichte, der aus leidiger Scheelsucht oder unsauberer Privatgiftigkeit meinen guten Leumund in der öffentlichen Meinung herabzuwürdigen sucht und dabei die Maske des Patriotismus, wo nicht gar die der Religion und der Moral, benutzt. Der anarchische Zustand der deutschen politischen und literarischen Zeitungsblätterwelt ward in solcher Beziehung zuweilen mit einem Talente ausgebeutet, das ich schier bewundern mußte. Wahrhaftig, Schufterle ist nicht tot, er lebt noch immer und steht seit Jahren an der

Spitze einer wohlorganisierten Bande von literarischen Strauchdieben, die in den böhmischen Wäldern unserer Tagespresse ihr Wesen treiben, hinter jedem Busch, hinter jedem Blatt versteckt liegen und dem leisesten Pfiff ihres würdigen Hauptmanns gehorchen.

Noch ein Wort. Das »Wintermärchen« bildet den Schluß der »Neuen Gedichte«, die in diesem Augenblick bei Hoffmann & Campe erscheinen. Um den Einzeldruck veranstalten zu können, mußte mein Verleger das Gedicht den überwachenden Behörden zu besonderer Sorgfalt überliefern, und neue Varianten und Ausmerzungen sind das Ergebnis dieser höheren Kritik.

Hamburg, den 17. September 1844   *Heinrich Heine*

KAPUT I

Im traurigen Monat November war's,
Die Tage wurden trüber,
Der Wind riß von den Bäumen das Laub,
Da reist' ich nach Deutschland hinüber.

Und als ich an die Grenze kam,   5
Da fühlt' ich ein stärkeres Klopfen
In meiner Brust, ich glaube sogar
Die Augen begunnen zu tropfen.

Und als ich die deutsche Sprache vernahm,
Da ward mir seltsam zumute;   10
Ich meinte nicht anders, als ob das Herz
Recht angenehm verblute.

Ein kleines Harfenmädchen sang.
Sie sang mit wahrem Gefühle
Und falscher Stimme, doch ward ich sehr   15
Gerühret von ihrem Spiele.

Sie sang von Liebe und Liebesgram,
Aufopfrung und Wiederfinden
Dort oben in jener besseren Welt,
Wo alle Leiden schwinden.   20

Sie sang vom irdischen Jammertal,
Von Freuden, die bald zerronnen,
Vom Jenseits, wo die Seele schwelgt
Verklärt in ew'gen Wonnen.

Sie sang das alte Entsagungslied,   25
Das Eiapopeia vom Himmel,
Womit man einlullt, wenn es greint,
Das Volk, den großen Lümmel.

Ich kenne die Weise, ich kenne den Text,
Ich kenn auch die Herren Verfasser;   30
Ich weiß, sie tranken heimlich Wein
Und predigten öffentlich Wasser.

Ein neues Lied, ein besseres Lied,
O Freunde, will ich euch dichten!
Wir wollen hier auf Erden schon   35
Das Himmelreich errichten.

Wir wollen auf Erden glücklich sein
Und wollen nicht mehr darben;
Verschlemmen soll nicht der faule Bauch
Was fleißige Hände erwarben.   40

Es wächst hienieden Brot genug
Für alle Menschenkinder,
Auch Rosen und Myrten, Schönheit und Lust,
Und Zuckererbsen nicht minder.

Ja, Zuckererbsen für jedermann,   45
Sobald die Schoten platzen!
Den Himmel überlassen wir
Den Engeln und den Spatzen.

Und wachsen uns Flügel nach dem Tod,
So wollen wir euch besuchen   50
Dort oben, und wir, wir essen mit euch
Die seligsten Torten und Kuchen.

Ein neues Lied, ein besseres Lied!
Es klingt wie Flöten und Geigen!
Das Miserere ist vorbei,   55
Die Sterbeglocken schweigen.

Die Jungfer Europa ist verlobt
Mit dem schönen Geniusse
Der Freiheit, sie liegen einander im Arm,
Sie schwelgen im ersten Kusse.   60

8

Und fehlt der Pfaffensegen dabei,
Die Ehe wird gültig nicht minder –
Es lebe Bräutigam und Braut,
Und ihre zukünftigen Kinder!

Ein Hochzeitkarmen ist mein Lied,   65
Das bessere, das neue!
In meiner Seele gehen auf
Die Sterne der höchsten Weihe –

Begeisterte Sterne, sie lodern wild,
Zerfließen in Flammenbächen –   70
Ich fühle mich wunderbar erstarkt,
Ich könnte Eichen zerbrechen!

Seit ich auf deutsche Erde trat,
Durchströmen mich Zaubersäfte –
Der Riese hat wieder die Mutter berührt,   75
Und es wuchsen ihm neu die Kräfte.

KAPUT II

Während die Kleine von Himmelslust
Getrillert und musizieret,
Ward von den preußischen Douaniers
Mein Koffer visitieret.   80

Beschnüffelten alles, kramten herum
In Hemden, Hosen, Schnupftüchern;
Sie suchten nach Spitzen, nach Bijouterien,
Auch nach verbotenen Büchern.

Ihr Toren, die ihr im Koffer sucht!   85
Hier werdet ihr nichts entdecken!
Die Konterbande, die mit mir reist,
Die hab ich im Kopfe stecken.

9

Hier hab ich Spitzen, die feiner sind
Als die von Brüssel und Mecheln, 90
Und pack ich einst meine Spitzen aus,
Sie werden euch sticheln und hecheln.

Im Kopfe trage ich Bijouterien,
Der Zukunft Krondiamanten,
Die Tempelkleinodien des neuen Gotts, 95
Des großen Unbekannten.

Und viele Bücher trag ich im Kopf!
Ich darf es euch versichern,
Mein Kopf ist ein zwitscherndes Vogelnest
Von konfiszierlichen Büchern. 100

Glaubt mir, in Satans Bibliothek
Kann es nicht schlimmere geben;
Sie sind gefährlicher noch als die
Von Hoffmann von Fallersleben!

Ein Passagier, der neben mir stand, 105
Bemerkte mir, ich hätte
Jetzt vor mir den preußischen Zollverein,
Die große Douanenkette.

»Der Zollverein« – bemerkte er –
»Wird unser Volkstum begründen, 110
Er wird das zersplitterte Vaterland
Zu einem Ganzen verbinden.

Er gibt die äußere Einheit uns,
Die sogenannt materielle;
Die geistige Einheit gibt uns die Zensur, 115
Die wahrhaft ideelle –

Sie gibt die innere Einheit uns,
Die Einheit im Denken und Sinnen;
Ein einiges Deutschland tut uns not,
Einig nach außen und innen.« 12

Zu Aachen im alten Dome liegt
Carolus Magnus begraben, –
Man muß ihn nicht verwechseln mit Karl
Mayer, der lebt in Schwaben.

Ich möchte nicht tot und begraben sein   125
Als Kaiser zu Aachen im Dome;
Weit lieber lebt' ich als kleinster Poet
Zu Stukkert am Neckarstrome.

Zu Aachen langweilen sich auf der Straß'
Die Hunde, sie flehn untertänig: 130
»Gib uns einen Fußtritt, o Fremdling, das wird
Vielleicht uns zerstreuen ein wenig.«

Ich bin in diesem langweil'gen Nest
Ein Stündchen herumgeschlendert.
Sah wieder preußisches Militär,   135
Hat sich nicht sehr verändert.

Es sind die grauen Mäntel noch
Mit dem hohen, roten Kragen –
(Das Rot bedeutet Franzosenblut,
Sang Körner in früheren Tagen.)   140

Noch immer das hölzern pedantische Volk,
Noch immer ein rechter Winkel
In jeder Bewegung, und im Gesicht
Der eingefrorene Dünkel.

Sie stelzen noch immer so steif herum,   145
So kerzengrade geschniegelt,
Als hätten sie verschluckt den Stock,
Womit man sie einst geprügelt.

Ja, ganz verschwand die Fuchtel nie,
Sie tragen sie jetzt im Innern;   150
Das trauliche Du wird immer noch
An das alte Er erinnern.

11

Der lange Schnurrbart ist eigentlich nur
Des Zopftums neuere Phase:
Der Zopf, der ehmals hinten hing,
Der hängt jetzt unter der Nase.   155

Nicht übel gefiel mir das neue Kostüm
Der Reuter, das muß ich loben,
Besonders die Pickelhaube, den Helm,
Mit der stählernen Spitze nach oben.   160

Das ist so rittertümlich und mahnt
An der Vorzeit holde Romantik,
An die Burgfrau Johanna von Montfaucon,
An den Freiherrn Fouqué, Uhland, Tieck.

Das mahnt an das Mittelalter so schön,   165
An Edelknechte und Knappen,
Die in dem Herzen getragen die Treu'
Und auf dem Hintern ein Wappen.

Das mahnt an Kreuzzug und Turnei,
An Minne und frommes Dienen,   170
An die ungedruckte Glaubenszeit,
Wo noch keine Zeitung erschienen.

Ja, ja, der Helm gefällt mir, er zeugt
Vom allerhöchsten Witze!
Ein königlicher Einfall war's!   175
Es fehlt nicht die Pointe, die Spitze!

Nur fürcht ich, wenn ein Gewitter entsteht,
Zieht leicht so eine Spitze
Herab auf euer romantisches Haupt
Des Himmels modernste Blitze!   180

[Auch wenn es Krieg gibt, müßt ihr euch
Viel leichteres Kopfzeug kaufen!
Des Mittelalters schwerer Helm
Könnt' euch genieren im Laufen. – – – –]

12

Zu Aachen, auf dem Posthausschild,　　　　185
Sah ich den Vogel wieder,
Der mir so tief verhaßt! Voll Gift
Schaute er auf mich nieder.

Du häßlicher Vogel, wirst du einst
Mir in die Hände fallen,　　　　190
So rupfe ich dir die Federn aus
Und hacke dir ab die Krallen.

Du sollst mir dann in luft'ger Höh'
Auf einer Stange sitzen,
Und ich rufe zum lustigen Schießen herbei　　195
Die rheinischen Vogelschützen.

Preussisch v Adel

Wer mir den Vogel herunterschießt,
Mit Zepter und Krone belehn ich
Den wackern Mann! Wir blasen Tusch
Und rufen: »Es lebe der König!«　　　　200

KAPUT IV

Zu Köllen kam ich spät abends an,
Da hörte ich rauschen den Rheinfluß,
Da fächelte mich schon deutsche Luft,
Da fühlt' ich ihren Einfluß –

Auf meinen Appetit. Ich aß　　　　205
Dort Eierkuchen mit Schinken,
Und da er sehr gesalzen war,
Mußt' ich auch Rheinwein trinken.

Der Rheinwein glänzt noch immer wie Gold
Im grünen Römerglase,　　　　210
Und trinkst du etwelche Schoppen zuviel,
So steigt er dir in die Nase.

13

In die Nase steigt ein Prickeln so süß,
Man kann sich vor Wonne nicht lassen!
Es trieb mich hinaus in die dämmernde Nacht, 215
In die widerhallenden Gassen.

Die steinernen Häuser schauten mich an,
Als wollten sie mir berichten
Legenden aus altverschollener Zeit,
Der heil'gen Stadt Köllen Geschichten. 220

Ja, hier hat einst die Klerisei
Ihr frommes Wesen getrieben,
Hier haben die Dunkelmänner geherrscht,
Die Ulrich von Hutten beschrieben.

Der Cancan des Mittelalters ward hier 225
Getanzt von Nonnen und Mönchen;
Hier schrieb Hochstraaten, der Menzel von Köln,
Die gift'gen Denunziatiönchen.

Die Flamme des Scheiterhaufens hat hier
Bücher und Menschen verschlungen; 230
Die Glocken wurden geläutet dabei
Und Kyrie Eleison gesungen.

Dummheit und Bosheit buhlten hier
Gleich Hunden auf freier Gasse;
Die Enkelbrut erkennt man noch heut 235
An ihrem Glaubenshasse! –

Doch siehe! dort im Mondenschein
Den kolossalen Gesellen!
Er ragt verteufelt schwarz empor,
Das ist der Dom von Köllen. 240

Er sollte des Geistes Bastille sein,
Und die listigen Römlinge dachten:
»In diesem Riesenkerker wird
Die deutsche Vernunft verschmachten!«

Da kam der Luther, und er hat 245
Sein großes »Halt!« gesprochen –
Seit jenem Tage blieb der Bau
Des Domes unterbrochen.

Er ward nicht vollendet – und das ist gut.
Denn eben die Nichtvollendung 250
Macht ihn zum Denkmal von Deutschlands Kraft
Und protestantischer Sendung.

Ihr armen Schelme vom Domverein,
Ihr wollt mit schwachen Händen
Fortsetzen das unterbrochene Werk 255
Und die alte Zwingburg vollenden!

O törichter Wahn! Vergebens wird
Geschüttelt der Klingelbeutel,
Gebettelt bei Ketzern und Juden sogar;
Ist alles fruchtlos und eitel. 260

Vergebens wird der große Franz Liszt
Zum Besten des Doms musizieren,
Und ein talentvoller König wird
Vergebens deklamieren!

Er wird nicht vollendet, der Kölner Dom, 265
Obgleich die Narren in Schwaben
Zu seinem Fortbau ein ganzes Schiff
Voll Steine gesendet haben.

Er wird nicht vollendet, trotz allem Geschrei
Der Raben und der Eulen, 270
Die, altertümlich gesinnt, so gern
In hohen Kirchtürmen weilen.

Ja, kommen wird die Zeit sogar,
Wo man, statt ihn zu vollenden,
Die inneren Räume zu einem Stall 275
Für Pferde wird verwenden.

»Und wird der Dom ein Pferdestall,
Was sollen wir dann beginnen
Mit den Heil'gen Drei Kön'gen, die da ruhn
Im Tabernakel da drinnen?«   280

So höre ich fragen. Doch brauchen wir uns
In unserer Zeit zu genieren?
Die Heil'gen Drei Kön'ge aus Morgenland,
Sie können wo anders logieren.

Folgt meinem Rat und steckt sie hinein   285
In jene drei Körbe von Eisen,
Die hoch zu Münster hängen am Turm,
Der Sankt Lamberti geheißen.

Der Schneiderkönig saß darin
Mit seinen beiden Räten,   290
Wir aber benutzen die Körbe jetzt
Für andre Majestäten.

Zur Rechten soll Herr Balthasar,
Zur Linken Herr Melchior schweben,
In der Mitte Herr Gaspar – Gott weiß, wie einst 295
Die drei gehaust im Leben!

Die heil'ge Allianz des Morgenlands,
Die jetzt kanonisieret,
Sie hat vielleicht nicht immer schön
Und fromm sich aufgeführet.   300

Der Balthasar und der Melchior,
Das waren vielleicht zwei Gäuche,
Die in der Not eine Konstitution
Versprochen ihrem Reiche

Und später nicht Wort gehalten – Es hat   305
Herr Gaspar, der König der Mohren,
Vielleicht mit schwarzem Undank sogar
Belohnt sein Volk, die Toren!

16

Und als ich an die Rheinbrück' kam,
Wohl an die Hafenschanze, 310
Da sah ich fließen den Vater Rhein
Im stillen Mondenglanze.

»Sei mir gegrüßt, mein Vater Rhein,
Wie ist es dir ergangen?
Ich habe oft an dich gedacht 315
Mit Sehnsucht und Verlangen.«

So sprach ich, da hört' ich im Wasser tief
Gar seltsam grämliche Töne,
Wie Hüsteln eines alten Manns,
Ein Brümmeln und weiches Gestöhne: 320

»Willkommen, mein Junge, das ist mir lieb,
Daß du mich nicht vergessen;
Seit dreizehn Jahren sah ich dich nicht,
Mir ging es schlecht unterdessen.

Zu Biberich hab ich Steine verschluckt, 325
Wahrhaftig, sie schmeckten nicht lecker!
Doch schwerer liegen im Magen mir
Die Verse von Niklas Becker.

Er hat mich besungen, als ob ich noch
Die reinste Jungfer wäre, 330
Die sich von niemand rauben läßt
Das Kränzlein ihrer Ehre.

Wenn ich es höre, das dumme Lied,
Dann möcht ich mir zerraufen
Den weißen Bart, ich möchte fürwahr 335
Mich in mir selbst ersaufen!

Daß ich keine reine Jungfer bin,
Die Franzosen wissen es besser,
Sie haben mit meinem Wasser so oft
Vermischt ihre Siegergewässer. 340

17

Das dumme Lied und der dumme Kerl!
Er hat mich schmählich blamieret,
Gewissermaßen hat er mich auch
Politisch kompromittieret.

Denn kehren jetzt die Franzosen zurück,   345
So muß ich vor ihnen erröten,
Ich, der um ihre Rückkehr so oft
Mit Tränen zum Himmel gebeten.

Ich habe sie immer so lieb gehabt,
Die lieben kleinen Französchen –   350
Singen und springen sie noch wie sonst?
Tragen noch weiße Höschen?

Ich möchte sie gerne wiedersehn,
Doch fürcht ich die Persiflage,
Von wegen des verwünschten Lieds,   355
Von wegen der Blamage.

Der Alfred de Musset, der Gassenbub,
Der kommt an ihrer Spitze
Vielleicht als Tambour und trommelt mir vor
All seine schlechten Witze.«   360

So klagte der arme Vater Rhein,
Konnt' sich nicht zufrieden geben.
Ich sprach zu ihm manch tröstendes Wort,
Um ihm das Herz zu heben:

»O fürchte nicht, mein Vater Rhein,   365
Den spöttelnden Scherz der Franzosen;
Sie sind die alten Franzosen nicht mehr,
Auch tragen sie andere Hosen.

Die Hosen sind rot und nicht mehr weiß,
Sie haben auch andere Knöpfe,   370
Sie singen nicht mehr, sie springen nicht mehr,
Sie senken nachdenklich die Köpfe.

Sie philosophieren und sprechen jetzt
Von Kant, von Fichte und Hegel,
Sie rauchen Tabak, sie trinken Bier,   375
Und manche schieben auch Kegel.

Sie werden Philister ganz wie wir,
Und treiben es endlich noch ärger;
Sie sind keine Voltairianer mehr,
Sie werden Hengstenberger.   380

Der Alfred de Musset, das ist wahr,
Ist noch ein Gassenjunge;
Doch fürchte nichts, wir fesseln ihm
Die schändliche Spötterzunge.

Und trommelt er dir einen schlechten Witz,   385
So pfeifen wir ihm einen schlimmern,
Wir pfeifen ihm vor, was ihm passiert
Bei schönen Frauenzimmern.

Gib dich zufrieden, Vater Rhein,
Denk nicht an schlechte Lieder,   390
Ein besseres Lied vernimmst du bald –
Leb wohl, wir sehen uns wieder.«

KAPUT VI

Den Paganini begleitete stets
Ein Spiritus Familiaris,
Manchmal als Hund, manchmal in Gestalt   395
Des seligen Georg Harrys.

Napoleon sah einen roten Mann
Vor jedem wicht'gen Ereignis.
Sokrates hatte seinen Dämon,
Das war kein Hirnerzeugnis.   400

Ich selbst, wenn ich am Schreibtisch saß
Des Nachts, hab ich gesehen
Zuweilen einen vermummten Gast
Unheimlich hinter mir stehen.

Unter dem Mantel hielt er etwas   40
Verborgen, das seltsam blinkte,
Wenn es zum Vorschein kam, und ein Beil,
Ein Richtbeil, zu sein mir dünkte.

Er schien von untersetzter Statur,
Die Augen wie zwei Sterne;   41
Er störte mich im Schreiben nie,
Blieb ruhig stehn in der Ferne.

Seit Jahren hatte ich nicht gesehn
Den sonderbaren Gesellen,
Da fand ich ihn plötzlich wieder hier   41
In der stillen Mondnacht zu Köllen.

Ich schlenderte sinnend die Straßen entlang,
Da sah ich ihn hinter mir gehen,
Als ob er mein Schatten wäre, und stand
Ich still, so blieb er stehen.   42

Blieb stehen, als wartete er auf was,
Und förderte ich die Schritte,
Dann folgte er wieder. So kamen wir
Bis auf des Domplatz' Mitte.

Es ward mir unleidlich, ich drehte mich um   42
Und sprach: »Jetzt steh mir Rede,
Was folgst du mir auf Weg und Steg
Hier in der nächtlichen Öde?

Ich treffe dich immer in der Stund',
Wo Weltgefühle sprießen   43
In meiner Brust und durch das Hirn
Die Geistesblitze schießen.

Du siehst mich an so stier und fest –
Steh Rede: Was verhüllst du
Hier unter dem Mantel, das heimlich blinkt?   435
Wer bist du und was willst du?«

Doch jener erwiderte trockenen Tons,
Sogar ein bißchen phlegmatisch:
»Ich bitte dich, exorziere mich nicht,
Und werde nur nicht emphatisch!   440

Ich bin kein Gespenst der Vergangenheit,
Kein grabentstiegener Strohwisch,
Und von Rhetorik bin ich kein Freund,
Bin auch nicht sehr philosophisch.

Ich bin von praktischer Natur,   445
Und immer schweigsam und ruhig.
Doch wisse: was du ersonnen im Geist,
Das führ ich aus, das tu ich.

Und gehn auch Jahre drüber hin,
Ich raste nicht, bis ich verwandle   450
In Wirklichkeit, was du gedacht;
Du denkst, und ich, ich handle.

Du bist der Richter, der Büttel bin ich,
Und mit dem Gehorsam des Knechtes
Vollstreck ich das Urteil, das du gefällt,   455
Und sei es ein ungerechtes.

Dem Konsul trug man ein Beil voran,
Zu Rom, in alten Tagen.
Auch du hast deinen Liktor, doch wird
Das Beil dir nachgetragen.   460

Ich bin dein Liktor, und ich geh
Beständig mit dem blanken
Richtbeile hinter dir – ich bin
Die Tat von deinem Gedanken.«

Ich ging nach Haus und schlief, als ob   46
Die Engel gewiegt mich hätten.
Man ruht in deutschen Betten so weich,
Denn das sind Federbetten.

Wie sehnt' ich mich oft nach der Süßigkeit
Des vaterländischen Pfühles,   47
Wenn ich auf harten Matratzen lag
In der schlaflosen Nacht des Exiles!

Man schläft sehr gut und träumt auch gut
In unseren Federbetten.
Hier fühlt die deutsche Seele sich frei   47
Von allen Erdenketten.

Sie fühlt sich frei und schwingt sich empor
Zu den höchsten Himmelsräumen.
O deutsche Seele, wie stolz ist dein Flug
In deinen nächtlichen Träumen.   48

Die Götter erbleichen, wenn du nahst!
Du hast auf deinen Wegen
Gar manches Sternlein ausgeputzt
Mit deinen Flügelschlägen!

Franzosen und Russen gehört das Land,   48
Das Meer gehört den Briten,
Wir aber besitzen im Luftreich des Traums
Die Herrschaft unbestritten.

Hier üben wir die Hegemonie,
Hier sind wir unzerstückelt;   49
Die andern Völker haben sich
Auf platter Erde entwickelt. – –

Und als ich einschlief, da träumte mir,
Ich schlenderte wieder im hellen
Mondschein die hallenden Straßen entlang   49
In dem altertümlichen Köllen.

Und hinter mir ging wieder einher
Mein schwarzer, vermummter Begleiter.
Ich war so müde, mir brachen die Knie,
Doch immer gingen wir weiter.   500

Wir gingen weiter. Mein Herz in der Brust
War klaffend aufgeschnitten,
Und aus der Herzenswunde hervor
Die roten Tropfen glitten.

Ich tauchte manchmal die Finger hinein,   505
Und manchmal ist es geschehen,
Daß ich die Haustürpfosten bestrich
Mit dem Blut im Vorübergehen.

Und jedesmal, wenn ich ein Haus
Bezeichnet in solcher Weise,   510
Ein Sterbeglöckchen erscholl fernher,
Wehmütig wimmernd und leise.

Am Himmel aber erblich der Mond,
Er wurde immer trüber;
Gleich schwarzen Rossen jagten an ihm   515
Die wilden Wolken vorüber.

Und immer ging hinter mir einher
Mit seinem verborgenen Beile
Die dunkle Gestalt – so wanderten wir
Wohl eine gute Weile.   520

Wir gehen und gehen, bis wir zuletzt
Wieder zum Domplatz gelangen;
Weit offen standen die Pforten dort,
Wir sind hineingegangen.

Es herrschte im ungeheuren Raum   525
Nur Tod und Nacht und Schweigen;
Es brannten Ampeln hie und da,
Um die Dunkelheit recht zu zeigen.

Ich wandelte lange den Pfeilern entlang
Und hörte nur die Tritte   53
Von meinem Begleiter, er folgte mir
Auch hier bei jedem Schritte.

Wir kamen endlich zu einem Ort,
Wo funkelnde Kerzenhelle
Und blitzendes Gold und Edelstein;   53
Das war die Drei-Königs-Kapelle.

Die Heil'gen Drei Könige jedoch,
Die sonst so still dort lagen,
O Wunder! sie saßen aufrecht jetzt
Auf ihren Sarkophagen.   54

Drei Totengerippe, phantastisch geputzt
Mit Kronen auf den elenden
Vergilbten Schädeln, sie trugen auch
Das Zepter in knöchernen Händen.

Wie Hampelmänner bewegten sie   54
Die längstverstorbenen Knochen;
Die haben nach Moder und zugleich
Nach Weihrauchduft gerochen.

Der eine bewegte sogar den Mund
Und hielt eine Rede, sehr lange;   55
Er setzte mir auseinander, warum
Er meinen Respekt verlange.

Zuerst weil er ein Toter sei,
Und zweitens weil er ein König,
Und drittens weil er ein Heil'ger sei –   55
Das alles rührte mich wenig.

Ich gab ihm zur Antwort lachenden Muts:
»Vergebens ist deine Bemühung!
Ich sehe, daß du der Vergangenheit
Gehörst in jeder Beziehung.   56

Fort! fort von hier! im tiefen Grab
Ist eure natürliche Stelle.
Das Leben nimmt jetzt in Beschlag
Die Schätze dieser Kapelle.

Der Zukunft fröhliche Kavallerie   565
Soll hier im Dome hausen,
Und weicht ihr nicht willig, so brauch ich Gewalt
Und laß euch mit Kolben lausen!«

So sprach ich, und ich drehte mich um,
Da sah ich furchtbar blinken   570
Des stummen Begleiters furchtbares Beil –
Und er verstand mein Winken.

Er nahte sich, und mit dem Beil
Zerschmetterte er die armen
Skelette des Aberglaubens, er schlug   575
Sie nieder ohn' Erbarmen.

Es dröhnte der Hiebe Widerhall
Aus allen Gewölben, entsetzlich! –
Blutströme schossen aus meiner Brust,
Und ich erwachte plötzlich.   580

KAPUT VIII

Von Köllen bis Hagen kostet die Post
Fünf Taler sechs Groschen Preußisch.
Die Diligence war leider besetzt,
Und ich kam in die offene Beichais'.

Ein Spätherbstmorgen, feucht und grau,   585
Im Schlamme keuchte der Wagen;
Doch trotz des schlechten Wetters und Wegs
Durchströmte mich süßes Behagen.

25

Das ist ja meine Heimatluft!
Die glühende Wange empfand es!   59
Und dieser Landstraßenkot, er ist
Der Dreck meines Vaterlandes!

Die Pferde wedelten mit dem Schwanz
So traulich wie alte Bekannte,
Und ihre Mistküchlein dünkten mir schön   59
Wie die Äpfel der Atalante!

Wir fuhren durch Mülheim. Die Stadt ist nett,
Die Menschen still und fleißig.
War dort zuletzt im Monat Mai
Des Jahres Einunddreißig.   60

Damals stand alles im Blütenschmuck,
Und die Sonnenlichter lachten,
Die Vögel sangen sehnsuchtvoll,
Und die Menschen hofften und dachten –

Sie dachten: »Die magere Ritterschaft   60
Wird bald von hinnen reisen,
Und der Abschiedstrunk wird ihnen kredenzt
Aus langen Flaschen von Eisen!

Und die Freiheit kommt mit Spiel und Tanz,
Mit der Fahne, der weiß-blau-roten;   61
Vielleicht holt sie sogar aus dem Grab
Den Bonaparte, den Toten!«

Ach Gott! die Ritter sind immer noch hier,
Und manche dieser Gäuche,
Die spindeldürre gekommen ins Land,   61
Die haben jetzt dicke Bäuche.

Die blassen Kanaillen, die aussehn
Wie Liebe, Glauben und Hoffen,
Sie haben seitdem in unserm Wein
Sich rote Nasen gesoffen – – –   62

Und die Freiheit hat sich den Fuß verrenkt,
Kann nicht mehr springen und stürmen;
Die Trikolore in Paris
Schaut traurig herab von den Türmen.

Der Kaiser ist auferstanden seitdem,   625
Doch die englischen Würmer haben
Aus ihm einen stillen Mann gemacht,
Und er ließ sich wieder begraben.

Hab selber sein Leichenbegängnis gesehn,
Ich sah den goldenen Wagen   630
Und die goldenen Siegesgöttinnen drauf,
Die den goldenen Sarg getragen.

Den Elysäischen Feldern entlang,
Durch des Triumphes Bogen,
Wohl durch den Nebel, wohl über den Schnee   635
Kam langsam der Zug gezogen.

Mißtönend schauerlich war die Musik.
Die Musikanten starrten
Vor Kälte. Wehmütig grüßten mich
Die Adler der Standarten.   640

Die Menschen schauten so geisterhaft
In alter Erinnrung verloren –
Der imperiale Märchentraum
War wieder heraufbeschworen.

Ich weinte an jenem Tag. Mir sind   645
Die Tränen ins Auge gekommen,
Als ich den verschollenen Liebesruf,
Das »Vive l'Empereur!«, vernommen.

Von Köllen war ich drei Viertel auf acht
Des Morgens fortgereiset;   650
Wir kamen nach Hagen schon gegen drei,
Da wird zu Mittag gespeiset.

Der Tisch war gedeckt. Hier fand ich ganz
Die altgermanische Küche.
Sei mir gegrüßt, mein Sauerkraut,   655
Holdselig sind deine Gerüche!

Gestovte Kastanien im grünen Kohl!
So aß ich sie einst bei der Mutter!
Ihr heimischen Stockfische, seid mir gegrüßt!
Wie schwimmt ihr klug in der Butter!   660

Jedwedem fühlenden Herzen bleibt
Das Vaterland ewig teuer –
Ich liebe auch recht braun geschmort
Die Bücklinge und Eier.

Wie jauchzten die Würste im spritzelnden Fett!   665
Die Krammetsvögel, die frommen
Gebratenen Englein mit Apfelmus,
Sie zwitscherten mir: »Willkommen!

Willkommen, Landsmann« – zwitscherten sie –
»Bist lange ausgeblieben,   670
Hast dich mit fremdem Gevögel so lang
In der Fremde herumgetrieben!«

Es stand auf dem Tische eine Gans,
Ein stilles, gemütliches Wesen.
Sie hat vielleicht mich einst geliebt,   675
Als wir beide noch jung gewesen.

Sie blickte mich an so bedeutungsvoll,
So innig, so treu, so wehe!
Besaß eine schöne Seele gewiß,
Doch war das Fleisch sehr zähe.   680

28

Auch einen Schweinskopf trug man auf
In einer zinnernen Schüssel;
Noch immer schmückt man den Schweinen bei uns
Mit Lorbeerblättern den Rüssel.

KAPUT X

Dicht hinter Hagen ward es Nacht,   685
Und ich fühlte in den Gedärmen
Ein seltsames Frösteln. Ich konnte mich erst
Zu Unna im Wirtshaus erwärmen.

Ein hübsches Mädchen fand ich dort,
Die schenkte mir freundlich den Punsch ein,   690
Wie gelbe Seide das Lockenhaar,
Die Augen sanft wie Mondschein.

Den lispelnd westfälischen Akzent
Vernahm ich mit Wollust wieder.
Viel süße Erinnerung dampfte der Punsch,   695
Ich dachte der lieben Brüder,

Der lieben Westfalen, womit ich so oft
In Göttingen getrunken,
Bis wir gerührt einander ans Herz
Und unter die Tische gesunken!   700

Ich habe sie immer so lieb gehabt,
Die lieben, guten Westfalen.
Ein Volk, so fest, so sicher, so treu,
Ganz ohne Gleißen und Prahlen.

Wie standen sie prächtig auf der Mensur   705
Mit ihren Löwenherzen!
Es fielen so grade, so ehrlich gemeint,
Die Quarten und die Terzen.

Sie fechten gut, sie trinken gut,
Und wenn sie die Hand dir reichen   710
Zum Freundschaftsbündnis, dann weinen sie;
Sind sentimentale Eichen.

Der Himmel erhalte dich, wackres Volk,
Er segne deine Saaten,
Bewahre dich vor Krieg und Ruhm,   715
Vor Helden und Heldentaten.

Er schenke deinen Söhnen stets
Ein sehr gelindes Examen,
Und deine Töchter bringe er hübsch
Unter die Haube – Amen!   720

KAPUT XI

Das ist der Teutoburger Wald,
Den Tacitus beschrieben,
Das ist der klassische Morast,
Wo Varus stecken geblieben.

Hier schlug ihn der Cheruskerfürst,   725
Der Hermann, der edle Recke;
Die deutsche Nationalität,
Die siegte in diesem Drecke.

Wenn Hermann nicht die Schlacht gewann
Mit seinen blonden Horden,   730
So gäb' es deutsche Freiheit nicht mehr,
Wir wären römisch geworden!

In unserem Vaterland herrschten jetzt
Nur römische Sprache und Sitten,
Vestalen gäb' es in München sogar,   735
Die Schwaben hießen Quiriten!

Der Hengstenberg wär' ein Haruspex
Und grübelte in den Gedärmen
Von Ochsen. Neander wär' ein Augur
Und schaute nach Vögelschwärmen.   740

Birch-Pfeiffer söffe Terpentin,
Wie einst die römischen Damen, –
(Man sagt, daß sie dadurch den Urin
Besonders wohlriechend bekamen.)

Der Raumer wäre kein deutscher Lump,   745
Er wäre ein röm'scher Lumpacius.
Der Freiligrath dichtete ohne Reim,
Wie weiland Flaccus Horatius.

Der grobe Bettler, Vater Jahn,
Der hieße jetzt Grobianus.   750
Me hercule! Maßmann spräche Latein,
Der Marcus Tullius Maßmanus!

Die Wahrheitsfreunde würden jetzt
Mit Löwen, Hyänen, Schakalen
Sich raufen in der Arena, anstatt   755
Mit Hunden in kleinen Journalen.

Wir hätten *einen* Nero jetzt
Statt Landesväter drei Dutzend.
Wir schnitten uns die Adern auf,
Den Schergen der Knechtschaft trutzend.   760

Der Schelling wär' ganz ein Seneca
Und käme in solchem Konflikt um.
Zu unsrem Cornelius sagten wir:
»Cacatum non est pictum.«

Gottlob! Der Hermann gewann die Schlacht,   765
Die Römer wurden vertrieben,
Varus mit seinen Legionen erlag,
Und wir sind Deutsche geblieben!

Wir blieben deutsch, wir sprechen Deutsch,
Wie wir es gesprochen haben; 770
Der Esel heißt Esel, nicht asinus,
Die Schwaben blieben Schwaben.

Der Raumer blieb ein deutscher Lump
In unserm deutschen Norden.
In Reimen dichtet Freiligrath, 775
Ist kein Horaz geworden.

Gottlob, der Maßmann spricht kein Latein,
Birch-Pfeiffer schreibt nur Dramen
Und säuft nicht schnöden Terpentin
Wie Roms galante Damen. 780

O Hermann, dir verdanken wir das!
Drum wird dir, wie sich gebühret,
Zu Detmold ein Monument gesetzt;
Hab selber subskribieret.

KAPUT XII

Im nächtlichen Walde humpelt dahin 785
Die Chaise. Da kracht es plötzlich –
Ein Rad ging los. Wir halten still.
Das ist nicht sehr ergötzlich.

Der Postillon steigt ab und eilt
Ins Dorf, und ich verweile 790
Um Mitternacht allein im Wald.
Ringsum ertönt ein Geheule.

Das sind die Wölfe, die heulen so wild
Mit ausgehungerten Stimmen.
Wie Lichter in der Dunkelheit 795
Die feurigen Augen glimmen.

Sie hörten von meiner Ankunft gewiß,
Die Bestien, und mir zur Ehre
Illuminierten sie den Wald
Und singen sie ihre Chöre.   800

Das ist ein Ständchen, ich merke es jetzt,
Ich soll gefeiert werden!
Ich warf mich gleich in Positur
Und sprach mit gerührten Gebärden:

»Mitwölfe! Ich bin glücklich, heut   805
In eurer Mitte zu weilen,
Wo so viel edle Gemüter mir
Mit Liebe entgegenheulen.

Was ich in diesem Augenblick
Empfinde, ist unermeßlich;   810
Ach, diese schöne Stunde bleibt
Mir ewig unvergeßlich.

Ich danke euch für das Vertraun,
Womit ihr mich beehret
Und das ihr in jeder Prüfungszeit   815
Durch treue Beweise bewähret.

Mitwölfe! Ihr zweifeltet nie an mir,
Ihr ließet euch nicht fangen
Von Schelmen, die euch gesagt, ich sei
Zu den Hunden übergegangen,   820

Ich sei abtrünnig und werde bald
Hofrat in der Lämmerhürde –
Dergleichen zu widersprechen war
Ganz unter meiner Würde.

Der Schafpelz, den ich umgehängt   825
Zuweilen, um mich zu wärmen,
Glaubt mir's, er brachte mich nie dahin,
Für das Glück der Schafe zu schwärmen.

Ich bin kein Schaf, ich bin kein Hund,
Kein Hofrat und kein Schellfisch –   830
Ich bin ein Wolf geblieben, mein Herz
Und meine Zähne sind wölfisch.

Ich bin ein Wolf und werde stets
Auch heulen mit den Wölfen –
Ja, zählt auf mich und helft euch selbst,   835
Dann wird auch Gott euch helfen!«

Das war die Rede, die ich hielt,
Ganz ohne Vorbereitung;
Verstümmelt hat Kolb sie abgedruckt
In der »Allgemeinen Zeitung«.   840

KAPUT XIII

Die Sonne ging auf bei Paderborn,
Mit sehr verdroßner Gebärde.
Sie treibt in der Tat ein verdrießlich Geschäft –
Beleuchten die dumme Erde!

Hat sie die eine Seite erhellt   845
Und bringt sie mit strahlender Eile
Der andern ihr Licht, so verdunkelt schon
Sich jene mittlerweile.

Der Stein entrollt dem Sisyphus,
Der Danaiden Tonne   850
Wird nie gefüllt, und den Erdenball
Beleuchtet vergeblich die Sonne! –

Und als der Morgennebel zerrann,
Da sah ich am Wege ragen
Im Frührotschein das Bild des Manns,   855
Der an das Kreuz geschlagen.

Mit Wehmut erfüllt mich jedesmal
Dein Anblick, mein armer Vetter,
Der du die Welt erlösen gewollt,
Du Narr, du Menschheitsretter!   860

Sie haben dir übel mitgespielt,
Die Herren vom hohen Rate.
Wer hieß dich auch reden so rücksichtslos
Von der Kirche und vom Staate!

Zu deinem Malheur war die Buchdruckerei   865
Noch nicht in jenen Tagen
Erfunden; du hättest geschrieben ein Buch
Über die Himmelsfragen.

Der Zensor hätte gestrichen darin,
Was etwa anzüglich auf Erden,   870
Und liebend bewahrte dich die Zensur
Vor dem Gekreuzigtwerden.

Ach! hättest du nur einen andern Text
Zu deiner Bergpredigt genommen,
Besaßest ja Geist und Talent genug   875
Und konntest schonen die Frommen!

Geldwechsler, Bankiers hast du sogar
Mit der Peitsche gejagt aus dem Tempel –
Unglücklicher Schwärmer, jetzt hängst du am Kreuz
Als warnendes Exempel!   880

KAPUT XIV

Ein feuchter Wind, ein kahles Land,
Die Chaise wackelt im Schlamme;
Doch singt es und klingt es in meinem Gemüt:
»Sonne, du klagende Flamme!«

Das ist der Schlußreim des alten Lieds,   885
Das oft meine Amme gesungen –
»Sonne, du klagende Flamme!« Das hat
Wie Waldhornruf geklungen.

Es kommt im Lied ein Mörder vor,
Der lebt' in Lust und Freude;   890
Man findet ihn endlich im Walde gehenkt
An einer grauen Weide.

Des Mörders Todesurteil war
Genagelt am Weidenstamme;
Das haben die Rächer der Feme getan –   895
Sonne, du klagende Flamme!

Die Sonne war Kläger, sie hatte bewirkt,
Daß man den Mörder verdamme.
Ottilie hatte sterbend geschrien:
Sonne, du klagende Flamme!   900

Und denk ich des Liedes, so denk ich auch
Der Amme, der lieben Alten;
Ich sehe wieder ihr braunes Gesicht,
Mit allen Runzeln und Falten.

Sie war geboren im Münsterland   90
Und wußte in großer Menge
Gespenstergeschichten, grausenhaft,
Und Märchen und Volksgesänge.

Wie pochte mein Herz, wenn die alte Frau
Von der Königstochter erzählte,   91
Die einsam auf der Heide saß
Und die goldnen Haare strählte.

Die Gänse mußte sie hüten dort
Als Gänsemagd, und trieb sie
Am Abend die Gänse wieder durchs Tor,   91
Gar traurig stehen blieb sie.

Denn angenagelt über dem Tor
Sah sie ein Roßhaupt ragen,
Das war der Kopf des armen Pferds,
Das sie in die Fremde getragen.   920

Die Königstochter seufzte tief:
»O Falada, daß du hangest!«
Der Pferdekopf herunterrief:
»O wehe, daß du gangest!«

Die Königstochter seufzte tief: 925
»Wenn das meine Mutter wüßte!«
Der Pferdekopf herunterrief:
»Ihr Herze brechen müßte!«

Mit stockendem Atem horchte ich hin,
Wenn die Alte ernster und leiser   930
Zu sprechen begann und vom Rotbart sprach,
Von unserem heimlichen Kaiser.

Sie hat mir versichert, er sei nicht tot,
Wie da glauben die Gelehrten,
Er hause versteckt in einem Berg   935
Mit seinen Waffengefährten.

Kyffhäuser ist der Berg genannt,
Und drinnen ist eine Höhle;
Die Ampeln erhellen so geisterhaft
Die hochgewölbten Säle.   940

Ein Marstall ist der erste Saal,
Und dorten kann man sehen
Viel tausend Pferde, blankgeschirrt,
Die an den Krippen stehen.

Sie sind gesattelt und gezäumt,   945
Jedoch von diesen Rossen
Kein einziges wiehert, kein einziges stampft,
Sind still, wie aus Eisen gegossen.

Im zweiten Saale, auf der Streu,
Sieht man Soldaten liegen,   95
Viel tausend Soldaten, bärtiges Volk,
Mit kriegerisch trotzigen Zügen.

Sie sind gerüstet von Kopf bis Fuß,
Doch alle diese Braven,
Sie rühren sich nicht, bewegen sich nicht,   95
Sie liegen fest und schlafen.

Hochaufgestapelt im dritten Saal
Sind Schwerter, Streitäxte, Speere,
Harnische, Helme, von Silber und Stahl,
Altfränkische Feuergewehre.   96

Sehr wenig Kanonen, jedoch genug,
Um eine Trophäe zu bilden.
Hoch ragt daraus eine Fahne hervor,
Die Farbe ist schwarz-rot-gülden.

Der Kaiser bewohnt den vierten Saal.   96
Schon seit Jahrhunderten sitzt er
Auf steinernem Stuhl am steinernen Tisch,
Das Haupt auf den Armen stützt er.

Sein Bart, der bis zur Erde wuchs,
Ist rot wie Feuerflammen,   97
Zuweilen zwinkert er mit dem Aug',
Zieht manchmal die Brauen zusammen.

Schläft er oder denkt er nach?
Man kann's nicht genau ermitteln;
Doch wenn die rechte Stunde kommt,   97
Wird er gewaltig sich rütteln.

Die gute Fahne ergreift er dann
Und ruft: »Zu Pferd! zu Pferde!«
Sein reisiges Volk erwacht und springt
Laut rasselnd empor von der Erde.   98

Ein jeder schwingt sich auf sein Roß,
Das wiehert und stampft mit den Hufen!
Sie reiten hinaus in die klirrende Welt,
Und die Trompeten rufen.

Sie reiten gut, sie schlagen gut,   985
Sie haben ausgeschlafen.
Der Kaiser hält ein strenges Gericht,
Er will die Mörder bestrafen –

Die Mörder, die gemeuchelt einst
Die teure, wundersame,   990
Goldlockigte Jungfrau Germania –
Sonne, du klagende Flamme!

Wohl mancher, der sich geborgen geglaubt
Und lachend auf seinem Schloß saß,
Er wird nicht entgehen dem rächenden Strang,   995
Dem Zorne Barbarossas! – – –

Wie klingen sie lieblich, wie klingen sie süß,
Die Märchen der alten Amme!
Mein abergläubisches Herze jauchzt:
»Sonne, du klagende Flamme!«   1000

KAPUT XV

Ein feiner Regen prickelt herab,
Eiskalt, wie Nähnadelspitzen.
Die Pferde bewegen traurig den Schwanz,
Sie waten im Kot und schwitzen.

Der Postillon stößt in sein Horn,   1005
Ich kenne das alte Getute –
»Es reiten drei Reiter zum Tor hinaus!«
Es wird mir so dämmrig zumute.

39

Mich schläferte und ich entschlief,
Und siehe! mir träumte am Ende,   101
Daß ich mich in dem Wunderberg
Beim Kaiser Rotbart befände.

Er saß nicht mehr auf steinernem Stuhl,
Am steinernen Tisch, wie ein Steinbild;
Auch sah er nicht so ehrwürdig aus,   101
Wie man sich gewöhnlich einbild't.

Er watschelte durch die Säle herum
Mit mir im trauten Geschwätze.
Er zeigte wie ein Antiquar
Mir seine Kuriosa und Schätze.   102

Im Saale der Waffen erklärte er mir,
Wie man sich der Kolben bediene,
Von einigen Schwertern rieb er den Rost
Mit seinem Hermeline.

Er nahm ein Pfauenwedel zur Hand   102
Und reinigte vom Staube
Gar manchen Harnisch, gar manchen Helm,
Auch manche Pickelhaube.

Die Fahne stäubte er gleichfalls ab,
Und er sprach: »Mein größter Stolz ist,   103
Daß noch keine Motte die Seide zerfraß
Und auch kein Wurm im Holz ist.«

Und als wir kamen in den Saal,
Wo schlafend am Boden liegen
Viel tausend Krieger, kampfbereit,   103
Der Alte sprach mit Vergnügen:

»Hier müssen wir leiser reden und gehn,
Damit wir nicht wecken die Leute;
Wieder verflossen sind hundert Jahr',
Und Löhnungstag ist heute.«   104

Und siehe! der Kaiser nahte sich sacht
Den schlafenden Soldaten,
Und steckte heimlich in die Tasch'
Jedwedem einen Dukaten.

Er sprach mit schmunzelndem Gesicht,   1045
Als ich ihn ansah verwundert:
»Ich zahle einen Dukaten per Mann
Als Sold nach jedem Jahrhundert.«

Im Saale, wo die Pferde stehn
In langen, schweigenden Reihen,   1050
Da rieb der Kaiser sich die Händ',
Schien sonderbar sich zu freuen.

Er zählte die Gäule, Stück für Stück,
Und klätschelte ihnen die Rippen;
Er zählte und zählte, mit ängstlicher Hast   1055
Bewegten sich seine Lippen.

»Das ist noch nicht die rechte Zahl« –
Sprach er zuletzt verdrossen –
»Soldaten und Waffen hab ich genug,
Doch fehlt es noch an Rossen.   1060

Roßkämme hab ich ausgeschickt
In alle Welt, die kaufen
Für mich die besten Pferde ein,
Hab schon einen guten Haufen.

Ich warte, bis die Zahl komplett,   1065
Dann schlag ich los und befreie
Mein Vaterland, mein deutsches Volk,
Das meiner harret mit Treue.«

So sprach der Kaiser, ich aber rief:
»Schlag los, du alter Geselle,   1070
Schlag los, und hast du nicht Pferde genug,
Nimm Esel an ihrer Stelle.«

41

Der Rotbart erwiderte lächelnd: »Es hat
Mit dem Schlagen gar keine Eile,
Man baute nicht Rom an einem Tag,   107.
Gut Ding will haben Weile.

Wer heute nicht kommt, kommt morgen gewiß,
Nur langsam wächst die Eiche,
Und chi va piano, va sano, so heißt
Das Sprichwort im römischen Reiche.«   108•

KAPUT XVI

Das Stoßen des Wagens weckte mich auf,
Doch sanken die Augenlider
Bald wieder zu, und ich entschlief
Und träumte vom Rotbart wieder.

Ging wieder schwatzend mit ihm herum   108.
Durch alle die hallenden Säle;
Er frug mich dies, er frug mich das,
Verlangte, daß ich erzähle.

Er hatte aus der Oberwelt
Seit vielen, vielen Jahren,   109(
Wohl seit dem Siebenjährigen Krieg,
Kein Sterbenswort erfahren.

Er frug nach Moses Mendelssohn,
Nach der Karschin, mit Intresse
Frug er nach der Gräfin Dubarry,   109.
Des fünfzehnten Ludwigs Mätresse.

»O Kaiser«, rief ich, »wie bist du zurück!
Der Moses ist längst gestorben,
Nebst seiner Rebekka, auch Abraham,
Der Sohn, ist gestorben, verdorben.   110(

Der Abraham hatte mit Lea erzeugt
Ein Bübchen, Felix heißt er,
Der brachte es weit im Christentum,
Ist schon Kapellenmeister.

Die alte Karschin ist gleichfalls tot,   1105
Auch die Tochter ist tot, die Klenke;
Helmine Chézy, die Enkelin,
Ist noch am Leben, ich denke.

Die Dubarry lebte lustig und flott,
Solange Ludwig regierte,   1110
Der Fünfzehnte nämlich, sie war schon alt,
Als man sie guillotinierte.

Der König Ludwig der Fünfzehnte starb
Ganz ruhig in seinem Bette,
Der Sechzehnte aber ward guillotiniert   1115
Mit der Königin Antoinette.

Die Königin zeigte großen Mut,
Ganz wie es sich gebührte,
Die Dubarry aber weinte und schrie,
Als man sie guillotinierte.« – –   1120

Der Kaiser blieb plötzlich stillestehn
Und sah mich an mit den stieren
Augen und sprach: »Um Gotteswill'n,
Was ist das, guillotinieren?« –

»Das Guillotinieren« – erklärte ich ihm –   1125
»Ist eine neue Methode,
Womit man die Leute jeglichen Stands
Vom Leben bringt zu Tode.

Bei dieser Methode bedient man sich
Auch einer neuen Maschine,   1130
Die hat erfunden Herr Guillotin,
Drum nennt man sie Guillotine.

Du wirst hier an ein Brett geschnallt; –
Das senkt sich; – du wirst geschoben
Geschwinde zwischen zwei Pfosten; – es hängt   113
Ein dreieckig Beil ganz oben; –

Man zieht eine Schnur, dann schießt herab
Das Beil, ganz lustig und munter; –
Bei dieser Gelegenheit fällt dein Kopf
In einen Sack hinunter.«   114

Der Kaiser fiel mir in die Red':
»Schweig still, von deiner Maschine
Will ich nichts wissen, Gott bewahr',
Daß ich mich ihrer bediene!

Der König und die Königin!   114
Geschnallt! an einem Brette!
Das ist ja gegen allen Respekt
Und alle Etikette!

Und du, wer bist du, daß du es wagst,
Mich so vertraulich zu dutzen?   115
Warte, du Bürschchen, ich werde dir schon
Die kecken Flügel stutzen!

Es regt mir die innerste Galle auf,
Wenn ich dich höre sprechen,
Dein Odem schon ist Hochverrat   115
Und Majestätsverbrechen!«

Als solchermaßen in Eifer geriet
Der Alte und sonder Schranken
Und Schonung mich anschnob, da platzten heraus
Auch mir die geheimsten Gedanken.   116

»Herr Rotbart« – rief ich laut – »du bist
Ein altes Fabelwesen,
Geh, leg dich schlafen, wir werden uns
Auch ohne dich erlösen.

Die Republikaner lachen uns aus,   1165
Sehn sie an unserer Spitze
So ein Gespenst mit Zepter und Kron';
Sie rissen schlechte Witze.

Auch deine Fahne gefällt mir nicht mehr,
Die altdeutschen Narren verdarben   1170
Mir schon in der Burschenschaft die Lust
An den schwarz-rot-goldnen Farben.

Das beste wäre, du bliebest zu Haus,
Hier in dem alten Kyffhäuser –
Bedenk ich die Sache ganz genau,   1175
So brauchen wir gar keinen Kaiser.«

KAPUT XVII

Ich habe mich mit dem Kaiser gezankt
Im Traum, im Traum versteht sich, –
Im wachenden Zustand sprechen wir nicht
Mit Fürsten so widersetzig.   1180

Nur träumend, im idealen Traum,
Wagt ihnen der Deutsche zu sagen
Die deutsche Meinung, die er so tief
Im treuen Herzen getragen.

Als ich erwacht', fuhr ich einem Wald   1185
Vorbei, der Anblick der Bäume,
Der nackten hölzernen Wirklichkeit,
Verscheuchte meine Träume.

Die Eichen schüttelten ernsthaft das Haupt,
Die Birken und Birkenreiser,   1190
Sie nickten so warnend – und ich rief:
»Vergib mir, mein teurer Kaiser!

45

Vergib mir, o Rotbart, das rasche Wort!
Ich weiß, du bist viel weiser
Als ich, ich habe so wenig Geduld –   119
Doch komme du bald, mein Kaiser!

Behagt dir das Guillotinieren nicht,
So bleib bei den alten Mitteln:
Das Schwert für Edelleute, der Strick
Für Bürger und Bauern in Kitteln.   120

Nur manchmal wechsle ab und laß
Den Adel hängen und köpfe
Ein bißchen die Bürger und Bauern, wir sind
Ja alle Gottesgeschöpfe.

Stell wieder her das Halsgericht,   120
Das peinliche Karls des Fünften,
Und teile wieder ein das Volk
Nach Ständen, Gilden und Zünften.

Das alte Heilige Römische Reich,
Stell's wieder her, das ganze,   121
Gib uns den modrigsten Plunder zurück
Mit allem Firlifanze.

Das Mittelalter, immerhin,
Das wahre, wie es gewesen,
Ich will es ertragen – erlöse uns nur   121
Von jenem Zwitterwesen,

Von jenem Kamaschenrittertum,
Das ekelhaft ein Gemisch ist,
Von gotischem Wahn und modernem Lug,
Das weder Fleisch noch Fisch ist.   122

Jag fort das Komödiantenpack,
Und schließe die Schauspielhäuser,
Wo man die Vorzeit parodiert –
Komme du bald, o Kaiser!«

Minden ist eine feste Burg,   1225
Hat gute Wehr und Waffen!
Mit preußischen Festungen hab ich jedoch
Nicht gerne was zu schaffen.

Wir kamen dort an zur Abendzeit.
Die Planken der Zugbrück' stöhnten   1230
So schaurig, als wir hinübergerollt;
Die dunklen Gräben gähnten.

Die hohen Bastionen schauten mich an,
So drohend und verdrossen;
Das große Tor ging rasselnd auf,   1235
Ward rasselnd wieder geschlossen.

Ach! meine Seele ward betrübt
Wie des Odysseus Seele,
Als er gehört, daß Polyphem
Den Felsblock schob vor die Höhle.   1240

Es trat an den Wagen ein Korporal
Und frug uns: wie wir hießen?
»Ich heiße Niemand, bin Augenarzt
Und steche den Star den Riesen.«

Im Wirtshaus ward mir noch schlimmer zumut, 1245
Das Essen wollt' mir nicht schmecken.
Ging schlafen sogleich, doch schlief ich nicht,
Mich drückten so schwer die Decken.

Es war ein breites Federbett,
Gardinen von rotem Damaste,   1250
Der Himmel von verblichenem Gold,
Mit einem schmutzigen Quaste.

Verfluchter Quast! der die ganze Nacht
Die liebe Ruhe mir raubte!
Er hing mir, wie des Damokles Schwert,   1255
So drohend über dem Haupte!

Schien manchmal ein Schlangenkopf zu sein,
Und ich hörte ihn heimlich zischen:
»Du bist und bleibst in der Festung jetzt,
Du kannst nicht mehr entwischen!«   1260

»Oh, daß ich wäre« – seufzte ich –
»Daß ich zu Hause wäre,
Bei meiner lieben Frau in Paris,
Im Faubourg Poissonière!«

Ich fühlte, wie über die Stirne mir   1265
Auch manchmal etwas gestrichen,
Gleich einer kalten Zensorhand,
Und meine Gedanken wichen –

Gendarmen, in Leichenlaken gehüllt,
Ein weißes Spukgewirre   1270
Umringte mein Bett, ich hörte auch
Unheimliches Kettengeklirre.

Ach! die Gespenster schleppten mich fort,
Und ich hab mich endlich befunden
An einer steilen Felsenwand;   1275
Dort war ich festgebunden.

Der böse, schmutzige Betthimmelquast!
Ich fand ihn gleichfalls wieder,
Doch sah er jetzt wie ein Geier aus,
Mit Krallen und schwarzem Gefieder.   1280

Er glich dem preußischen Adler jetzt
Und hielt meinen Leib umklammert;
Er fraß mir die Leber aus der Brust,
Ich habe gestöhnt und gejammert.

Ich jammerte lange – da krähte der Hahn,   1285
Und der Fiebertraum erblaßte.
Ich lag zu Minden im schwitzenden Bett,
Der Adler ward wieder zum Quaste.

Ich reiste fort mit Extrapost
Und schöpfte freien Odem   1290
Erst draußen in der freien Natur
Auf bückeburg'schem Boden.

KAPUT XIX

Oh, Danton, du hast dich sehr geirrt
Und mußtest den Irrtum büßen!
Mitnehmen kann man das Vaterland   1295
An den Sohlen, an den Füßen.

Das halbe Fürstentum Bückeburg
Blieb mir an den Stiefeln kleben;
So lehmigte Wege habe ich wohl
Noch nie gesehen im Leben.   1300

Zu Bückeburg stieg ich ab in der Stadt,
Um dort zu betrachten die Stammburg,
Wo mein Großvater geboren ward;
Die Großmutter war aus Hamburg.

Ich kam nach Hannover um Mittagzeit,   1305
Und ließ mir die Stiefel putzen.
Ich ging sogleich, die Stadt zu besehn,
Ich reise gern mit Nutzen.

Mein Gott! da sieht es sauber aus!
Der Kot liegt nicht auf den Gassen.   1310
Viel Prachtgebäude sah ich dort,
Sehr imponierende Massen.

Besonders gefiel mir ein großer Platz,
Umgeben von stattlichen Häusern;
Dort wohnt der König, dort steht sein Palast,   1315
Er ist von schönem Äußern,

(Nämlich der Palast). Vor dem Portal
Zu jeder Seite ein Schildhaus.
Rotröcke mit Flinten halten dort Wacht,
Sie sehen drohend und wild aus.   13.

Mein Cicerone sprach: »Hier wohnt
Der Ernst Augustus, ein alter,
Hochtoryscher Lord, ein Edelmann,
Sehr rüstig für sein Alter.

Idyllisch sicher haust er hier,   13.
Denn besser als alle Trabanten
Beschützet ihn der mangelnde Mut
Von unseren lieben Bekannten.

Ich seh ihn zuweilen, er klagt alsdann,
Wie gar langweilig das Amt sei,   13
Das Königsamt, wozu er jetzt
Hier in Hannover verdammt sei.

An großbritannisches Leben gewöhnt,
Sei es ihm hier zu enge,
Ihn plage der Spleen, er fürchte schier,   13
Daß er sich mal erhänge.

Vorgestern fand ich ihn traurig gebückt
Am Kamin, in der Morgenstunde;
Er kochte höchstselbst ein Lavement
Für seine kranken Hunde.«   13

KAPUT XX

Von Harburg fuhr ich in einer Stund'
Nach Hamburg. Es war schon Abend.
Die Sterne am Himmel grüßten mich,
Die Luft war lind und labend.

Und als ich zu meiner Frau Mutter kam,   1345
Erschrak sie fast vor Freude;
Sie rief: »Mein liebes Kind!« und schlug
Zusammen die Hände beide.

»Mein liebes Kind, wohl dreizehn Jahr
Verflossen unterdessen!   1350
Du wirst gewiß sehr hungrig sein –
Sag an, was willst du essen?

Ich habe Fisch und Gänsefleisch
Und schöne Apfelsinen.« –
»So gib mir Fisch und Gänsefleisch   1355
Und schöne Apfelsinen.«

Und als ich aß mit großem App'tit,
Die Mutter ward glücklich und munter,
Sie frug wohl dies, sie frug wohl das,
Verfängliche Fragen mitunter.   1360

»Mein liebes Kind! und wirst du auch
Recht sorgsam gepflegt in der Fremde?
Versteht deine Frau die Haushaltung
Und flickt sie dir Strümpfe und Hemde?«

»Der Fisch ist gut, lieb Mütterlein,   1365
Doch muß man ihn schweigend verzehren;
Man kriegt so leicht eine Grät' in den Hals,
Du darfst mich jetzt nicht stören.«

Und als ich den braven Fisch verzehrt,
Die Gans ward aufgetragen.   1370
Die Mutter frug wieder wohl dies, wohl das,
Mitunter verfängliche Fragen.

»Mein liebes Kind! in welchem Land
Läßt sich am besten leben?
Hier oder in Frankreich? Und welchem Volk   1375
Wirst du den Vorzug geben?«

»Die deutsche Gans, lieb Mütterlein,
Ist gut, jedoch die Franzosen,
Sie stopfen die Gänse besser als wir,
Auch haben sie bessere Saucen.« –   1380

Und als die Gans sich wieder empfahl,
Da machten ihre Aufwartung
Die Apfelsinen, sie schmeckten so süß,
Ganz über alle Erwartung.

Die Mutter aber fing wieder an   1385
Zu fragen sehr vergnüglich
Nach tausend Dingen, mitunter sogar
Nach Dingen, die sehr anzüglich.

»Mein liebes Kind! Wie denkst du jetzt?
Treibst du noch immer aus Neigung   1390
Die Politik? Zu welcher Partei
Gehörst du mit Überzeugung?«

»Die Apfelsinen, lieb Mütterlein,
Sind gut, und mit wahrem Vergnügen
Verschlucke ich den süßen Saft,   1395
Und ich lasse die Schalen liegen.«

KAPUT XXI

Die Stadt, zur Hälfte abgebrannt,
Wird aufgebaut allmählich;
Wie'n Pudel, der halb geschoren ist,
Sieht Hamburg aus, trübselig.   1400

Gar manche Gassen fehlen mir,
Die ich nur ungern vermisse –
Wo ist das Haus, wo ich geküßt
Der Liebe erste Küsse?

Wo ist die Druckerei, wo ich 1405
Die »Reisebilder« druckte?
Wo ist der Austerkeller, wo ich
Die ersten Austern schluckte?

Und der Dreckwall, wo ist der Dreckwall hin?
Ich kann ihn vergeblich suchen! 1410
Wo ist der Pavillon, wo ich
Gegessen so manchen Kuchen?

Wo ist das Rathaus, worin der Senat
Und die Bürgerschaft gethronet?
Ein Raub der Flammen! Die Flamme hat 1415
Das Heiligste nicht verschonet.

Die Leute seufzten noch vor Angst,
Und mit wehmüt'gem Gesichte
Erzählten sie mir vom großen Brand
Die schreckliche Geschichte: 1420

»Es brannte an allen Ecken zugleich,
Man sah nur Rauch und Flammen!
Die Kirchentürme loderten auf
Und stürzten krachend zusammen.

Die alte Börse ist verbrannt, 1425
Wo unsere Väter gewandelt
Und miteinander jahrhundertelang
So redlich als möglich gehandelt.

Die Bank, die silberne Seele der Stadt,
Und die Bücher, wo eingeschrieben 1430
Jedweden Mannes Banko-Wert,
Gottlob! sie sind uns geblieben!

Gottlob, man kollektierte für uns
Selbst bei den fernsten Nationen –
Ein gutes Geschäft – die Kollekte betrug 1435
Wohl an die acht Millionen.

[Die Hülfsgelderkasse wurde geführt
Von wahren Christen und Frommen –
Erfahren hat nie die linke Hand,
Wieviel die rechte genommen.]   1440

Aus allen Ländern floß das Geld
In unsre offnen Hände,
Auch Viktualien nahmen wir an,
Verschmähten keine Spende.

Man schickte uns Kleider und Betten genug,   1445
Auch Brot und Fleisch und Suppen!
Der König von Preußen wollte sogar
Uns schicken seine Truppen.

Der materielle Schaden ward
Vergütet, das ließ sich schätzen –   1450
Jedoch den Schrecken, unseren Schreck,
Den kann uns niemand ersetzen!«

Aufmunternd sprach ich: »Ihr lieben Leut',
Ihr müßt nicht jammern und flennen;
Troja war eine bessere Stadt,   1455
Und mußte doch verbrennen.

Baut eure Häuser wieder auf
Und trocknet eure Pfützen,
Und schafft euch beßre Gesetze an
Und beßre Feuerspritzen.   1460

Gießt nicht zu viel Cayenne-Piment
In eure Mockturtlesuppen,
Auch eure Karpfen sind euch nicht gesund,
Ihr kocht sie so fett mit den Schuppen.

Kalkuten schaden euch nicht viel,   1465
Doch hütet euch vor der Tücke
Des Vogels, der sein Ei gelegt
In des Bürgermeisters Perücke.

Wer dieser fatale Vogel ist,
Ich brauch es euch nicht zu sagen –   1470
Denk ich an ihn, so dreht sich herum
Das Essen in meinem Magen.«

KAPUT XXII

Noch mehr verändert als die Stadt
Sind mir die Menschen erschienen,
Sie gehn so betrübt und gebrochen herum   1475
Wie wandelnde Ruinen.

Die Mageren sind noch dünner jetzt,
Noch fetter sind die Feisten,
Die Kinder sind alt, die Alten sind
Kindisch geworden, die meisten.   1480

Gar manche, die ich als Kälber verließ,
Fand ich als Ochsen wieder;
Gar manches kleine Gänschen ward
Zur Gans mit stolzem Gefieder.

Die alte Gudel fand ich geschminkt   1485
Und geputzt wie eine Sirene;
Hat schwarze Locken sich angeschafft
Und blendend weiße Zähne.

Am besten hat sich konserviert
Mein Freund, der Papierverkäufer;   1490
Sein Haar ward gelb und umwallt sein Haupt,
Sieht aus wie Johannes der Täufer.

Den ***, den sah ich nur von fern,
Er huschte mir rasch vorüber;
Ich höre, sein Geist ist abgebrannt   1495
Und war versichert bei Bieber.

Auch meinen alten Zensor sah
Ich wieder. Im Nebel, gebücket,
Begegnet' er mir auf dem Gänsemarkt,
Schien sehr darniedergedrücket.   15

Wir schüttelten uns die Hände, es schwamm
Im Auge des Manns eine Träne.
Wie freute er sich, mich wieder zu sehn!
Es war eine rührende Szene. –

Nicht alle fand ich. Mancher hat   15
Das Zeitliche gesegnet.
Ach! meinem Gumpelino sogar
Bin ich nicht mehr begegnet.

Der Edle hatte ausgehaucht
Die große Seele soeben,   15
Und wird als verklärter Seraph jetzt
Am Throne Jehovas schweben.

Vergebens suchte ich überall
Den krummen Adonis, der Tassen
Und Nachtgeschirr von Porzellan   15
Feilbot in Hamburgs Gassen.

[Ob noch der kleine Meyer lebt,
Das kann ich wahrhaftig nicht sagen,
Er fehlte mir, doch ich vergaß,
Bei Cornet nach ihm zu fragen.]   15

Sarras, der treue Pudel, ist tot.
Ein großer Verlust! Ich wette,
Daß Campe lieber ein ganzes Schock
Schriftsteller verloren hätte. –

Die Population des Hamburger Staats   15
Besteht seit Menschengedenken
Aus Juden und Christen; es pflegen auch
Die letztren nicht viel zu verschenken.

Die Christen sind alle ziemlich gut,
Auch essen sie gut zu Mittag,   1530
Und ihre Wechsel bezahlen sie prompt,
Noch vor dem letzten Respittag.

Die Juden teilen sich wieder ein
In zwei verschiedne Parteien;
Die Alten gehn in die Synagog'   1535
Und in den Tempel die Neuen.

Die Neuen essen Schweinefleisch,
Zeigen sich widersetzig,
Sind Demokraten; die Alten sind
Vielmehr aristokrätzig.   1540

Ich liebe die Alten, ich liebe die Neu'n –
Doch schwör ich beim ewigen Gotte,
Ich liebe gewisse Fischchen noch mehr,
Man heißt sie geräucherte Sprotte.

KAPUT XXIII

Als Republik war Hamburg nie   1545
So groß wie Venedig und Florenz,
Doch Hamburg hat bessere Austern; man speist
Die besten im Keller von Lorenz.

Es war ein schöner Abend, als ich
Mich hinbegab mit Campen;   1550
Wir wollen miteinander dort
In Rheinwein und Austern schlampampen.

Auch gute Gesellschaft fand ich dort,
Mit Freude sah ich wieder
Manch alten Genossen, zum Beispiel Chaufepié,   1555
Auch manche neue Brüder.

Da war der Wille, dessen Gesicht
Ein Stammbuch, worin mit Hieben
Die akademischen Feinde sich
Recht leserlich eingeschrieben. 156

Da war der Fucks, ein blinder Heid'
Und persönlicher Feind des Jehova,
Glaubt nur an Hegel und etwa noch
An die Venus des Canova.

Mein Campe war Amphitryo 156
Und lächelte vor Wonne;
Sein Auge strahlte Seligkeit,
Wie eine verklärte Madonne.

Ich aß und trank mit gutem App'tit
Und dachte in meinem Gemüte: 157
»Der Campe ist wirklich ein großer Mann,
Ist aller Verleger Blüte.

Ein andrer Verleger hätte mich
Vielleicht verhungern lassen,
Der aber gibt mir zu trinken sogar; 157
Werde ihn niemals verlassen.

Ich danke dem Schöpfer in der Höh',
Der diesen Saft der Reben
Erschuf und zum Verleger mir
Den Julius Campe gegeben! 158

Ich danke dem Schöpfer in der Höh',
Der durch sein großes Werde
Die Austern erschaffen in der See
Und den Rheinwein auf der Erde!

Der auch Zitronen wachsen ließ, 158
Die Austern zu betauen –
Nun laß mich, Vater, diese Nacht
Das Essen gut verdauen!«

Der Rheinwein stimmt mich immer weich
Und löst jedwedes Zerwürfnis   1590
In meiner Brust, entzündet darin
Der Menschenliebe Bedürfnis.

Es treibt mich aus dem Zimmer hinaus,
Ich muß in den Straßen schlendern;
Die Seele sucht eine Seele und späht   1595
Nach zärtlich weißen Gewändern.

In solchen Momenten zerfließe ich fast
Vor Wehmut und vor Sehnen;
Die Katzen scheinen mir alle grau,
Die Weiber alle Helenen. – – –   1600

Und als ich auf die Drehbahn kam,
Da sah ich im Mondenschimmer
Ein hehres Weib, ein wunderbar
Hochbusiges Frauenzimmer.

Ihr Antlitz war rund und kerngesund,   1605
Die Augen wie blaue Turkoasen,
Die Wangen wie Rosen, wie Kirschen der Mund,
Auch etwas rötlich die Nase.

Ihr Haupt bedeckte eine Mütz'
Von weißem gesteiftem Linnen,   1610
Gefältelt wie eine Mauerkron',
Mit Türmchen und zackigen Zinnen.

Sie trug eine weiße Tunika,
Bis an die Waden reichend.
Und welche Waden! Das Fußgestell   1615
Zwei dorischen Säulen gleichend.

Die weltlichste Natürlichkeit
Konnt' man in den Zügen lesen;
Doch das übermenschliche Hinterteil
Verriet ein höheres Wesen.   1620

Sie trat zu mir heran und sprach:
»Willkommen an der Elbe
Nach dreizehnjähr'ger Abwesenheit –
Ich sehe, du bist noch derselbe!

Du suchst die schönen Seelen vielleicht,   162
Die dir so oft begegent
Und mit dir geschwärmt die Nacht hindurch
In dieser schönen Gegend.

Das Leben verschlang sie, das Ungetüm,
Die hundertköpfige Hyder;   163
Du findest nicht die alte Zeit
Und die Zeitgenössinnen wieder!

Du findest die holden Blumen nicht mehr,
Die das junge Herz vergöttert;
Hier blühten sie – jetzt sind sie verwelkt,   163?
Und der Sturm hat sie entblättert.

Verwelkt, entblättert, zertreten sogar
Von rohen Schicksalsfüßen –
Mein Freund, das ist auf Erden das Los
Von allem Schönen und Süßen!«   164

»Wer bist du?« – rief ich – »du schaust mich an
Wie'n Traum aus alten Zeiten –
Wo wohnst du, großes Frauenbild?
Und darf ich dich begleiten?«

Da lächelte das Weib und sprach: 164?
»Du irrst dich, ich bin eine feine,
Anständ'ge, moralische Person;
Du irrst dich, ich bin nicht so Eine.

Ich bin nicht so eine kleine Mamsell,
So eine welsche Lorettin –   165
Denn wisse: ich bin Hammonia,
Hamburgs beschützende Göttin!

Du stutzest und erschreckst sogar,
Du sonst so mutiger Sänger!
Willst du mich noch begleiten jetzt?   1655
Wohlan, so zögre nicht länger.«

Ich aber lachte laut und rief:
»Ich folge auf der Stelle –
Schreit du voran, ich folge dir,
Und ging' es in die Hölle!«   1660

KAPUT XXIV

Wie ich die enge Sahltrepp' hinauf
Gekommen, ich kann es nicht sagen;
Es haben unsichtbare Geister mich
Vielleicht hinaufgetragen.

Hier, in Hammonias Kämmerlein,   1665
Verflossen mir schnell die Stunden.
Die Göttin gestand die Sympathie,
Die sie immer für mich empfunden.

»Siehst du« – sprach sie – »in früherer Zeit
War mir am meisten teuer   1670
Der Sänger, der den Messias besang
Auf seiner frommen Leier.

Dort auf der Kommode steht noch jetzt
Die Büste von meinem Klopstock,
Jedoch seit Jahren dient sie mir   1675
Nur noch als Haubenkopfstock.

Du bist mein Liebling jetzt, es hängt
Dein Bildnis zu Häupten des Bettes;
Und, siehst du, ein frischer Lorbeer umkränzt
Den Rahmen des holden Porträtes.   1680

Nur daß du meine Söhne so oft
Genergelt, ich muß es gestehen,
Hat mich zuweilen tief verletzt;
Das darf nicht mehr geschehen.

Es hat die Zeit dich hoffentlich
Von solcher Unart geheilet
Und dir eine größere Toleranz
Sogar für Narren erteilet.

Doch sprich, wie kam der Gedanke dir,
Zu reisen nach dem Norden
In solcher Jahrzeit? Das Wetter ist
Schon winterlich geworden!«

»Oh, meine Göttin!« – erwiderte ich –
»Es schlafen tief im Grunde
Des Menschenherzens Gedanken, die oft
Erwachen zur unrechten Stunde.

Es ging mir äußerlich ziemlich gut,
Doch innerlich war ich beklommen,
Und die Beklemmnis täglich wuchs –
Ich hatte das Heimweh bekommen.

Die sonst so leichte französische Luft,
Sie fing mich an zu drücken;
Ich mußte Atem schöpfen hier
In Deutschland, um nicht zu ersticken.

Ich sehnte mich nach Torfgeruch,
Nach deutschem Tabaksdampfe;
Es bebte mein Fuß vor Ungeduld,
Daß er deutschen Boden stampfe.

Ich seufzte des Nachts und sehnte mich,
Daß ich sie wiedersähe,
Die alte Frau, die am Dammtor wohnt;
Das Lottchen wohnt in der Nähe.

Auch jenem edlen alten Herrn,
Der immer mich ausgescholten
Und immer großmütig beschützt, auch ihm   1715
Hat mancher Seufzer gegolten.

Ich wollte wieder aus seinem Mund
Vernehmen den ›dummen Jungen‹,
Das hat mir immer wie Musik
Im Herzen nachgeklungen.   1720

Ich sehnte mich nach dem blauen Rauch,
Der aufsteigt aus deutschen Schornsteinen,
Nach niedersächsischen Nachtigall'n,
Nach stillen Buchenhainen.

Ich sehnte mich nach den Plätzen sogar,   1725
Nach jenen Leidensstationen,
Wo ich geschleppt das Jugendkreuz
Und meine Dornenkronen.

Ich wollte weinen, wo ich einst
Geweint die bittersten Tränen –   1730
Ich glaube, Vaterlandsliebe nennt
Man dieses törichte Sehnen.

Ich spreche nicht gern davon; es ist
Nur eine Krankheit im Grunde.
Verschämten Gemütes, verberge ich stets   1735
Dem Publico meine Wunde.

Fatal ist mir das Lumpenpack,
Das, um die Herzen zu rühren,
Den Patriotismus trägt zur Schau
Mit allen seinen Geschwüren.   1740

Schamlose schäbige Bettler sind's,
Almosen wollen sie haben –
Ein'n Pfennig Popularität
Für Menzel und seine Schwaben!

Oh, meine Göttin, du hast mich heut 174
In weicher Stimmung gefunden;
Bin etwas krank, doch pfleg ich mich,
Und ich werde bald gesunden.

Ja, ich bin krank, und du könntest mir
Die Seele sehr erfrischen 175
Durch eine gute Tasse Tee;
Du mußt ihn mit Rum vermischen.«

KAPUT XXV

Die Göttin hat mir Tee gekocht
Und Rum hineingegossen;
Sie selber aber hat den Rum 175
Ganz ohne Tee genossen.

An meine Schulter lehnte sie
Ihr Haupt (die Mauerkrone,
Die Mütze, ward etwas zerknittert davon),
Und sie sprach mit sanftem Tone: 176

»Ich dachte manchmal mit Schrecken dran,
Daß du in dem sittenlosen
Paris so ganz ohne Aufsicht lebst,
Bei jenen frivolen Franzosen.

Du schlenderst dort herum und hast 176
Nicht mal an deiner Seite
Einen treuen deutschen Verleger, der dich
Als Mentor warne und leite.

Und die Verführung ist dort so groß,
Dort gibt es so viele Sylphiden, 177
Die ungesund, und gar zu leicht
Verliert man den Seelenfrieden.

Geh nicht zurück und bleib bei uns;
Hier herrschen noch Zucht und Sitte,
Und manches stille Vergnügen blüht   1775
Auch hier, in unserer Mitte.

Bleib bei uns in Deutschland, es wird dir hier
Jetzt besser als eh'mals munden;
Wir schreiten fort, du hast gewiß
Den Fortschritt selbst gefunden.   1780

Auch die Zensur ist nicht mehr streng,
Hoffmann wird älter und milder
Und streicht nicht mehr mit Jugendzorn
Dir deine Reisebilder.

Du selbst bist älter und milder jetzt,   1785
Wirst dich in manches schicken,
Und wirst sogar die Vergangenheit
In besserem Lichte erblicken.

Ja, daß es uns früher so schrecklich ging
In Deutschland, ist Übertreibung;   1790
Man konnte entrinnen der Knechtschaft, wie einst
In Rom, durch Selbstentleibung.

Gedankenfreiheit genoß das Volk,
Sie war für die großen Massen,
Beschränkung traf nur die g'ringe Zahl   1795
Derjen'gen, die drucken lassen.

Gesetzlose Willkür herrschte nie,
Dem schlimmsten Demagogen
Ward niemals ohne Urteilspruch
Die Staatskokarde entzogen.   1800

So übel war es in Deutschland nie,
Trotz aller Zeitbedrängnis –
Glaub mir, verhungert ist nie ein Mensch
In einem deutschen Gefängnis.

Es blühte in der Vergangenheit
So manche schöne Erscheinung
Des Glaubens und der Gemütlichkeit;
Jetzt herrscht nur Zweifel, Verneinung.

Die praktische äußere Freiheit wird einst
Das Ideal vertilgen,
Das wir im Busen getragen – es war
So rein wie der Traum der Liljen!

Auch unsre schöne Poesie
Erlischt, sie ist schon ein wenig
Erloschen; mit andern Königen stirbt
Auch Freiligraths Mohrenkönig.

Der Enkel wird essen und trinken genug,
Doch nicht in beschaulicher Stille;
Es poltert heran ein Spektakelstück,
Zu Ende geht die Idylle.

O könntest du schweigen, ich würde dir
Das Buch des Schicksals entsiegeln,
Ich ließe dir spätere Zeiten sehn
In meinen Zauberspiegeln.

Was ich den sterblichen Menschen nie
Gezeigt, ich möcht' es dir zeigen:
Die Zukunft deines Vaterlands –
Doch ach! du kannst nicht schweigen!«

»Mein Gott, o Göttin!« – rief ich entzückt –
»Das wäre mein größtes Vergnügen,
Laß mich das künftige Deutschland sehn –
Ich bin ein Mann und verschwiegen.

Ich will dir schwören jeden Eid,
Den du nur magst begehren,
Mein Schweigen zu verbürgen dir –
Sag an, wie soll ich schwören?«

Doch jene erwiderte: »Schwöre mir
In Vater Abrahams Weise,
Wie er Eliesern schwören ließ,
Als dieser sich gab auf die Reise.   1840

Heb auf das Gewand und lege die Hand
Hier unten an meine Hüften,
Und schwöre mir Verschwiegenheit
In Reden und in Schriften!«

Ein feierlicher Moment! Ich war   1845
Wie angeweht vom Hauche
Der Vorzeit, als ich schwur den Eid,
Nach uraltem Erzväterbrauche.

Ich hob das Gewand der Göttin auf
Und legte an ihre Hüften   1850
Die Hand, gelobend Verschwiegenheit
In Reden und in Schriften.

KAPUT XXVI

Die Wangen der Göttin glühten so rot
(Ich glaube, in die Krone
Stieg ihr der Rum), und sie sprach zu mir   1855
In sehr wehmütigem Tone:

»Ich werde alt. Geboren bin ich
Am Tage von Hamburgs Begründung.
Die Mutter war Schellfischkönigin
Hier an der Elbe Mündung.   1860

Mein Vater war ein großer Monarch,
Carolus Magnus geheißen,
Er war noch mächt'ger und klüger sogar
Als Friedrich der Große von Preußen.

Der Stuhl ist zu Aachen, auf welchem er 1865
Am Tage der Krönung ruhte;
Den Stuhl, worauf er saß in der Nacht,
Den erbte die Mutter, die gute.

Die Mutter hinterließ ihn mir,
Ein Möbel von scheinlosem Äußern, 1870
Doch böte mir Rothschild all sein Geld,
Ich würde ihn nicht veräußern.

Siehst du, dort in dem Winkel steht
Ein alter Sessel, zerrissen
Das Leder der Lehne, von Mottenfraß 1875
Zernagt das Polsterkissen.

Doch gehe hin und hebe auf
Das Kissen von dem Sessel,
Du schaust eine runde Öffnung dann,
Darunter einen Kessel – 1880

Das ist ein Zauberkessel, worin
Die magischen Kräfte brauen,
Und steckst du in die Ründung den Kopf,
So wirst du die Zukunft schauen –

Die Zukunft Deutschlands erblickst du hier, 1885
Gleich wogenden Phantasmen,
Doch schaudre nicht, wenn aus dem Wust
Aufsteigen die Miasmen!«

Sie sprach's und lachte sonderbar,
Ich aber ließ mich nicht schrecken, 1890
Neugierig eilte ich, den Kopf
In die furchtbare Ründung zu stecken.

Was ich gesehn, verrate ich nicht,
Ich habe zu schweigen versprochen,
Erlaubt ist mir zu sagen kaum, 1895
O Gott! was ich gerochen! – – –

Ich denke mit Widerwillen noch
An jene schnöden, verfluchten
Vorspielgerüche, das schien ein Gemisch
Von altem Kohl und Juchten.   1900

Entsetzlich waren die Düfte, o Gott!
Die sich nachher erhuben;
Es war, als fegte man den Mist
Aus sechsunddreißig Gruben. – – –

Ich weiß wohl, was Saint-Just gesagt   1905
Weiland im Wohlfahrtsausschuß:
Man heile die große Krankheit nicht
Mit Rosenöl und Moschus –

Doch dieser deutsche Zukunftsduft
Mocht' alles überragen,   1910
Was meine Nase je geahnt –
Ich konnt' es nicht länger ertragen – – –

Mir schwanden die Sinne, und als ich aufschlug
Die Augen, saß ich an der Seite
Der Göttin noch immer, es lehnte mein Haupt   1915
An ihre Brust, die breite.

Es blitzte ihr Blick, es glühte ihr Mund,
Es zuckten die Nüstern der Nase,
Bacchantisch umschlang sie den Dichter und sang
Mit schauerlich wilder Ekstase: 1920

[»Es ist ein König in Thule, der hat
Ein'n Becher, es geht ihm nichts drüber,
Und wenn er aus dem Becher trinkt,
Dann gehen die Augen ihm über.

Dann steigen ihm Gedanken auf,   1925
Die kaum sich ließen ahnden,
Dann ist er kapabel und dekretiert,
Auf dich, mein Kind, zu fahnden.

Geh nicht nach Norden, und hüte dich
Vor jenem König in Thule,
Hüt dich vor Gendarmen und Polizei,
Vor der ganzen historischen Schule.]

Bleib bei mir in Hamburg, ich liebe dich,
Wir wollen trinken und essen
Den Wein und die Austern der Gegenwart,
Und die dunkle Zukunft vergessen.

Den Deckel darauf! damit uns nicht
Der Mißduft die Freude vertrübet –
Ich liebe dich, wie je ein Weib
Einen deutschen Poeten geliebet!

Ich küsse dich, und ich fühle, wie mich
Dein Genius begeistert;
Es hat ein wunderbarer Rausch
Sich meiner Seele bemeistert.

Mir ist, als ob ich auf der Straß'
Die Nachtwächter singen hörte –
Es sind Hymenäen, Hochzeitmusik,
Mein süßer Lustgefährte!

Jetzt kommen die reitenden Diener auch
Mit üppig lodernden Fackeln,
Sie tanzen ehrbar den Fackeltanz,
Sie springen und hüpfen und wackeln.

Es kommt der hoch- und wohlweise Senat,
Es kommen die Oberalten!
Der Bürgermeister räuspert sich
Und will eine Rede halten.

In glänzender Uniform erscheint
Das Korps der Diplomaten;
Sie gratulieren mit Vorbehalt
Im Namen der Nachbarstaaten.

Es kommt die geistliche Deputation,
Rabbiner und Pastöre –
Doch ach! da kommt der Hoffmann auch
Mit seiner Zensorschere!

Die Schere klirrt in seiner Hand, 1965
Es rückt der wilde Geselle
Dir auf den Leib – er schneidet ins Fleisch –
Es war die beste Stelle.«

KAPUT XXVII

Was sich in jener Wundernacht
Des weitern zugetragen,
Erzähl ich euch ein andermal, 1970
In warmen Sommertagen.

Das alte Geschlecht der Heuchelei
Verschwindet, Gott sei Dank, heut,
Es sinkt allmählich ins Grab, es stirbt 1975
An seiner Lügenkrankheit.

Es wächst heran ein neues Geschlecht,
Ganz ohne Schminke und Sünden,
Mit freien Gedanken, mit freier Lust –
Dem werde ich alles verkünden. 1980

Schon knospet die Jugend, welche versteht
Des Dichters Stolz und Güte
Und sich an seinem Herzen wärmt,
An seinem Sonnengemüte.

Mein Herz ist liebend wie das Licht 1985
Und rein und keusch wie das Feuer;
Die edelsten Grazien haben gestimmt
Die Saiten meiner Leier.

Es ist dieselbe Leier, die einst
Mein Vater ließ ertönen,
Der selige Herr Aristophanes,
Der Liebling der Kamönen.

1990

Es ist die Leier, worauf er einst
Den Paisteteros besungen,
Der um die Basileia gefreit,
Mit ihr sich emporgeschwungen.

1995

Im letzten Kapitel hab ich versucht,
Ein bißchen nachzuahmen
Den Schluß der »Vögel«, die sind gewiß
Das beste von Vaters Dramen.

2000

Die »Frösche« sind auch vortrefflich. Man gibt
In deutscher Übersetzung
Sie jetzt auf der Bühne von Berlin,
Zu königlicher Ergetzung.

Der König liebt das Stück. Das zeugt
Von gutem antiken Geschmacke;
Den Alten amüsierte weit mehr
Modernes Froschgequacke.

2005

Der König liebt das Stück. Jedoch
Wär’ noch der Autor am Leben,
Ich riete ihm nicht, sich in Person
Nach Preußen zu begeben.

2010

Dem wirklichen Aristophanes,
Dem ginge es schlecht, dem Armen;
Wir würden ihn bald begleitet sehn
Mit Chören von Gendarmen.

2015

Der Pöbel bekäm’ die Erlaubnis bald,
Zu schimpfen statt zu wedeln;
Die Polizei erhielte Befehl,
Zu fahnden auf den Edeln.

2020

O König! Ich meine es gut mit dir
Und will einen Rat dir geben:
Die toten Dichter, verehre sie nur,
Doch schone, die da leben.

Beleid'ge lebendige Dichter nicht,   2025
Sie haben Flammen und Waffen,
Die furchtbarer sind als Jovis Blitz,
Den ja der Poet erschaffen.

Beleid'ge die Götter, die alten und neu'n,
Des ganzen Olymps Gelichter,   2030
Und den höchsten Jehova obendrein –
Beleid'ge nur nicht den Dichter!

Die Götter bestrafen freilich sehr hart
Des Menschen Missetaten,
Das Höllenfeuer ist ziemlich heiß,   2035
Dort muß man schmoren und braten –

Doch Heilige gibt es, die aus der Glut
Losbeten den Sünder; durch Spenden
An Kirchen und Seelenmessen wird
Erworben ein hohes Verwenden.   2040

Und am Ende der Tage kommt Christus herab
Und bricht die Pforten der Hölle;
Und hält er auch ein strenges Gericht,
Entschlüpfen wird mancher Geselle.

Doch gibt es Höllen, aus deren Haft   2045
Unmöglich jede Befreiung;
Hier hilft kein Beten, ohnmächtig ist hier
Des Welterlösers Verzeihung.

Kennst du die Hölle des Dante nicht,
Die schrecklichen Terzetten?   2050
Wen da der Dichter hineingesperrt,
Den kann kein Gott mehr retten –

Kein Gott, kein Heiland erlöst ihn je
Aus diesen singenden Flammen!
Nimm dich in acht! daß wir dich nicht
Zu solcher Hölle verdammen!

ANMERKUNGEN

Seit 1831 wohnte Heine in Paris. Erst im Jahre 1843 sah er die Heimat wieder: er reiste über Münster und Bremen nach Hamburg, wo er sich vom 29. Oktober bis 7. Dezember aufhielt. Die Rückreise führte ihn über Hannover, Bückeburg, Köln und Aachen. Berlin mied er. Diese Reiseeindrücke liegen dem »Wintermärchen« zugrunde. Möglicherweise wurde Heine durch Franz von Dingelstedts (1814–81) »Lieder eines kosmopolitischen Nachtwächters« dazu angeregt, die 1842 ohne Angabe des Verfassers bei Hoffmann & Campe erschienen sind. Dingelstedt war ein Freund Heines. Das »Wintermärchen« erschien zusammen mit den »Neuen Gedichten« im September 1844, der gleichzeitig herausgegebene Sonderdruck enthielt auch das »Vorwort«. In einem Brief an seinen Verleger Campe schreibt Heine: »Es ist ein gereimtes Gedicht, welches ... die ganze Gärung unsrer deutschen Gegenwart in der kecksten, persönlichsten Weise ausspricht. Es ist politisch-romantisch und wird der prosaisch-bombastischen Tendenzpoesie hoffentlich den Todesstoß geben. Sie wissen, ich prahle nicht, aber ich bin diesmal sicher, daß ich ein Werkchen gegeben habe, das mehr Furore machen wird als die populärste Broschüre, und das dennoch den bleibenden Wert einer klassischen Dichtung haben wird.«

Vorrede: *Schufterle ... in den böhmischen Wäldern:* Anspielung auf eine Figur und den Schauplatz von Schillers »Die Räuber«.
- 75 Motiv aus der griechischen Sage von Antäus, der seine Riesenkraft aus der Berührung mit der Erde, seiner Mutter Gaia, bezog.
- 104 August Heinrich Hoffmann von Fallersleben (1798–1874) wurde wegen seiner »Unpolitischen Lieder« (2. Bd. 1841) seiner Breslauer Professur entsetzt.
- 109 1834 schlossen sich einige deutsche Staaten zum »Deutschen Zollverein« zusammen, der auch politische Bedeutung gewann.
- 123 f. Karl Mayer (1786–1870), Lyriker der Schwäbischen Schule. Vgl. »Atta Troll«, K. XXII, Str. 11.
- 140 Theodor Körner (1791–1813): »Lied der schwarzen Jäger«.
- 163 *Johanna von Montfaucon:* Drama von August von Kotzebue (1800).
- 189 *häßlicher Vogel:* der preußische Adler.
- 223 *Dunkelmänner:* Anspielung auf die »Epistolae obscurorum virorum«, die zum Teil von Ulrich von Hutten (1488–1523)

gegen die Kölner Kleriker, besonders Jakob van Hoogstrae
ten (1460–1527), geschrieben wurden.

225 *Cancan:* algerischer Tanz, der um 1830 in Mode kam.

227 Wolfgang Menzel (1798–1873) regte durch seine polemische
Schriften Bundestagsbeschlüsse gegen Heine und andere Män
ner des ›Jungen Deutschland‹ an.

253 Der Domverein, der die bauliche Vollendung des Kölne
Domes fördern sollte, wurde 1842 in Köln gegründet.

263 *talentvoller König:* Friedrich Wilhelm IV. von Preuße
(1795–1861) hielt bei der neuen Grundsteinlegung eine Rede

288 ff. *Sankt Lamberti:* Der Turm der Lambertikirche zeigt noc
heute die drei Käfige, in denen die Leichen der 1536 hinge
richteten Wiedertäuferführer (Jan Beuckelzoon, bekann
unter dem Namen Johann von Leiden, Bernhard Knipper
dolling und Krechting) ausgestellt wurden.

303 f. Anspielung auf Friedrich Wilhelm III. von Preußen (177
bis 1840), der das 1813 in dem Aufruf von Kalisch gegeben
Versprechen einer Verfassung nicht gehalten hat.

325 Die Stelle bezieht sich auf Verkehrsstreitigkeiten zwische
Nassau und Rheinhessen. Die Rheinhessen hatten 1841 be
Bieberich Steine versenkt, um die Nassauische Rheinschiffahr
lahmzulegen. Vgl. Heinrich von Treitschke, »Deutsche Ge
schichte im 19. Jahrhundert«, Bd. 5, S. 105 f.

328 Die Verse von Nikolaus Becker (1809–45) sind dessen be
rühmtes Rheinlied: »Sie sollen ihn nicht haben« usw. Alfre
de Musset (1810–50) antwortete mit: »Nous l'avons eu votr
Rhin allemand« (Wir haben euren deutschen Rhein gehabt
usw. (vgl. auch V. 357).

380 *Hengstenberger:* Anhänger von Ernst Wilhelm von Heng
stenberg (1802–69), einem Theologieprofessor in Berlin
Hengstenberg war ein Gegner des Rationalismus und ei
Vorkämpfer für die Rückkehr zum altkirchlichen und altpro
testantischen Dogma. Vgl. »Atta Troll«, K. XVIII, Str. 11.

396 Georg Harrys (1780–1838), ein Hannoveraner Schriftstelle
hat Paganini als Geschäftsführer auf seinen Reisen begleitet
Vgl. »Florentinische Nächte« I.

459 Der Liktor trug den römischen Beamten die Fasces, Ruten
bündel mit herausragendem Beil, voran, als Zeichen der Ge
walt über Leben und Tod.

507 ff. Vgl. 2. Mose 12,7 und 13.

567 Vgl. Goethes »Erlkönig«.

583 *Diligence:* Postkutsche.

584 *Beichais':* halbverdeckter Wagen, der meist die Postkutsch
begleitete.

596 *Atalante:* Nach der griechischen Sage besiegte Atalante all
Freier im Wettlauf. Hippomenes überlistete sie dann, inde
er drei goldene Äpfel, die ihm Aphrodite, die Göttin de

Liebe, geschenkt hatte, fallen ließ, nach denen sich Atalante im Lauf bückte.

505 *magere Ritterschaft:* die Preußen.

529 ff. Die Leiche Napoleons wurde am 15. Dezember 1840 in den Invalidendom überführt.

596 *lieben Brüder:* In Göttingen gehörte Heine zur Landsmannschaft ›Westphalia‹ (1824/25).

708 *Quarten, Terzen:* Fechthiebe.

735 *Vestalen:* jungfräuliche Priesterinnen der römischen Göttin Vesta.

736 *Quiriten:* altrömische Vollbürger.

737 Vgl. V. 380. *Haruspex:* Priester, der aus den Eingeweiden von Opfertieren prophezeite.

739 Johann August Wilhelm Neander (1789–1850), protestantischer Theologe und Kirchenhistoriker in Berlin.

741 Charlotte Birch-Pfeiffer (1800–68), Verfasserin von populären Rührstücken.

745 Friedrich von Raumer (1781–1873), berühmt durch seine »Geschichte der Hohenstaufen und ihrer Zeit«.

747 Ferdinand Freiligrath (1810–76) liebte besonders auffallende, reiche Reime; die antike Lyrik war reimlos.

752 Hans Ferdinand Maßmann (1797–1874), der oft von Heine verspottete Förderer des Turnwesens. Vgl. »Atta Troll«, K. IV, Str. 11.

759 Anspielung auf Seneca, den früheren Lehrer und Berater Neros. Er wurde wegen der angeblichen Teilnahme an einer Verschwörung von Nero zum Tode verurteilt und öffnete sich die Pulsadern.

763 Peter von Cornelius (1783–1867) gehörte zur Gruppe der Nazarener in Rom, die an die christlich-mittelalterliche Kunst anknüpften. Früher hatte Heine ihn den einzigen großen Maler genannt (Reise von München nach Genua, K. XXXIII).

764 Übersetzung: Gekackt ist nicht gemalt.

839 Gustav Kolb (1798–1865), liberaler Publizist, Redakteur der »Augsburger Allgemeinen Zeitung«, zu der Heine Beiträge schrieb.

849 f. *Sisyphus . . . Danaiden:* Gestalten der griechischen Mythologie, denen in der Unterwelt besondere Strafen auferlegt waren: Sisyphus mußte einen Felsbrocken einen Berg hinaufwälzen, der jedoch immer wieder zurückrollte. Die fünfzig Töchter des Königs Danaos schöpften Wasser in ein leckes Faß.

874 Vgl. Matth. 5–7.

902 Vgl. die »Memoiren«.

931 ff. *Rotbart:* Friedrich I. (1125–90). Vgl. Jakob und Wilhelm Grimm, »Deutsche Sagen« (²1865, Bd. I, Nr. 23 und 297).

1061 *Roßkämme:* Pferdehändler.
1079 *chi va piano va sano,* italienisches Sprichwort: Wer langsa:
geht, geht sicher.
1093 Moses Mendelssohn (1729–86), Popularphilosoph, Freun
Lessings, Großvater des Komponisten (vgl. V. 1102 ff.).
1094 *Karschin:* Anna Luise Karsch (1722–91), Dichterin, von ihre
Zeitgenossen über Gebühr als ›Deutsche Sappho‹ gefeiert.
1106 Karoline von Klenke (1754–1802), Dichterin.
1107 Wilhelmine Christiane von Chézy (1783–1856), Dichteri
Sie verfaßte das Textbuch zu Webers »Euryanthe«.
1205 *Halsgericht:* Kaiser Karls V. »Peinliche Gerichtsordnung
von 1532 (Constitutio Criminalis Carolina).
1217 *Kamaschenrittertum:* Preußentum.
1238–44 Vgl. »Odyssee«, IX, 240 ff. und 366 ff.
1293 Bezieht sich auf Georges Dantons (1759–94) Wort: »Parti
Est-ce qu'on emporte sa patrie à la semelle de son soulier
Er sagte es, als er vor Robespierre fliehen sollte.
1322 Ernst August (1771–1851), Herzog von Cumberland, ein
flußreiches Mitglied der Tory-Partei im englischen Obe
haus, war seit 1837 König von Hannover. Er ist bekan
durch den Verfassungsbruch, gegen den die Göttinger siebe
Professoren opponierten.
1339 *Lavement:* Abführmittel.
1397 Der große Brand Hamburgs brach am 5. Mai 1842 aus ur
dauerte bis zum 8. Mai.
1409 *Dreckwall:* Straße in Hamburg.
1431 *Banko-Wert:* Hamburgische Währung.
1465 *Kalkuten:* Truthühner.
1466 ff. Bezieht sich auf die Bemühungen Preußens, Hamburg zu
Eintritt in den Zollverein zu bewegen. Vgl. V. 109.
1485 *Gudel:* eine Dirne vom Dreckwall, vgl. »Neue Gedichte
»Hoffart«.
1493 *Den ***:* gemeint ist der Schwiegersohn Salomon Heine
Dr. Adolf Halle, der Heines Jugendliebe geheiratet hatte.
1496 *Bieber:* Versicherungsgesellschaft, die nach dem Hamburg
Brand Bankrott machte.
1497 *meinen alten Zensor:* Dr. Friedrich Ludwig Hoffmann w.
1822 bis 1848 Zensor in Hamburg.
1507 *Gumpelino:* der Bankier Lazarus Gumpel, den Heine a
Modell für seinen Gumpelino in den »Bädern von Lucca
gebrauchte.
1517 Anton Johann Heinrich Meyer (1788–1859), Schriftstelle
insbesondere Theaterkritiker.
1520 Julius Cornet (1793–1860), beliebter Sänger, Mitdirektor d
Hamburger Staatstheaters.
1523 Julius Campe (1792–1867), Inhaber der Verlagsbuchhan
lung Hoffmann und Campe in Hamburg, Heines Verlege

32 *Respittag:* Verzugstag (vor dem letzten Tag des gesetzlich
  gestatteten Aufschubs).
48 ff. *Lorenz* und die folgenden Namen sind alles mehr oder
  weniger bekannte Hamburger.
57 Dr. François Wille (1811–96), Herausgeber der »Literarischen
  und kritischen Blätter«, stand in Verbindung mit Richard
  Wagner, Franz Liszt, Gottfried Keller, C. F. Meyer u. a.
65 *Amphitryo* bedeutet hier einen freigebigen Wirt, vgl.
  Molières »Amphitryon«.
01 *Drehbahn:* anrüchige Straße in Hamburg.
09 f. Heine denkt an das Hamburger Stadtwappen.
50 *Lorettin:* Pariser Bezeichnung für Dirne.
51 *Hammonia:* Schutzgöttin von Hamburg, neulateinische Wort-
  bildung.
61 *Sahltrepp':* Flurtreppe.
71 Friedrich Gottlieb Klopstock (1724–1803), der Verfasser des
  religiösen Epos »Der Messias«, lebte lange in Hamburg.
11 *alte Frau:* Heines Mutter.
12 *Lottchen:* seine Schwester.
13 *alten Herrn:* Heines Onkel, Salomon Heine.
44 Vgl. V. 227.
70 *Sylphiden:* weibliche Luftgeister der griechischen Sage.
82 *Hoffmann:* Vgl. V. 1497.
00 Gemeint ist die Aberkennung der bürgerlichen Ehrenrechte
  (Anspielung auf die von Friedrich Wilhelm IV. häufig ver-
  hängte Strafe).
12 *Liljen:* ältere Nebenform zu Lilie (ahd. lilja, mhd. lilje).
16 Vgl. Freiligraths Ballade »Der Mohrenfürst«.
38 ff. Vgl. 1. Mose 24,2 f. und 9.
62 Karl der Große soll Anfang des 9. Jahrhunderts Hamburg
  gegründet haben.
05 Louis Antoine de Saint-Just (1767–94), französischer Revo-
  lutionär, Anhänger Robespierres.
06 *Wohlfahrtsausschuß:* oberste Regierungsbehörde während der
  Französischen Revolution, führte eine Schreckensherrschaft.
32 Heine denkt an die von Friedrich Carl von Savigny (1779
  bis 1861) vertretene historische Rechtsauffassung.
63 Vgl. V. 1497 und 1782.
89 ff. In der Komödie »Die Vögel« des Aristophanes (um 445
  bis 385 v. Chr.) vermählt sich der ›Volksrat‹ mit der ›Herrschaft‹.

ZUR TEXTGESTALT

Der Text folgt: Heines Werke. Herausgegeben von Ern
Elster. Zweite kritisch durchgesehene und erläuterte Ausgab
Dritter Band. Leipzig: Bibliographisches Institut o. J. [1925
Ein Faksimiledruck nach der Handschrift des Dichters wurd
von Friedrich Hirt im Verlag von Friedrich Lehmann 19
herausgegeben.

Die im Text eingeklammerten Strophen sind spätere Zusätz
Auch sonst finden sich zahlreiche Lesarten, auf deren Wiede
gabe hier aber verzichtet werden muß. In V. 972 wurde n
der Ausgabe von 1857 Brauen statt Braunen gesetzt. Orth
graphie und Interpunktion wurden behutsam modernisier
Anmerkungen auf S. 75 beigefügt.